ヒトラーの大衆扇動術

許 成準

彩図社

プロローグ

現代社会で仕事を成功させようと思えば、人を説得しなければならないという場面に常に出くわすものだ。しかし、人は何か得るものがなければ、他人が望むとおりに動くことはない。

たとえ上司という命令ができる立場であっても、部下を思いどおりに動かすことは容易ではない。多くの人が「他人を動かすのは難しい」と嘆き、「対人関係に最もストレスを感じる」と言うのである。

ところが、数千万の人々を集団催眠にかけ、自分の意のままに操った人物がいる。それが、アドルフ・ヒトラー（Adolf Hitler、１８８９〜１９４５）だ。

一般的にヒトラーは、第二次世界大戦を起こしてユダヤ人を虐殺した人物だとしか知られていないが、詳しく調べてみると、政治扇動術を今のような形に完成させた人物だったことが分かる。

例えば、今の政治家たちは自分のイメージ向上のために子供を抱いて写真を撮ったりするが、それを初めて行ったのはヒトラーである。まともな政治家ならヒトラーを悪人だと考えるはずだが、皆、自分の知らないうちにヒトラーを真似しているのである。

若い頃のヒトラーは、大学入試に二度も失敗し、小さな下宿部屋に閉じこもって政治関連の書籍を読みふけっていた、現代ならニートと呼ばれる若者の一人だったのだ。

彼は、薄汚い自分の部屋で都市の住宅問題を解決する未来都市をスケッチしたり、ドイツが戦争を仕掛けて隣国の領土を獲得し帝国に発展することを空想して毎日を過ごしていた。まさに社会的な落後者の一人だったといえるだろう。

あまり才能のない画家志望の青年であったヒトラーは、偶然に参加した政治集会をきっかけに政治の世界に入ると、わずか十数年という短期間で、取るに足らない存在だったナチ党を国家権力の頂点まで押し上げ、自らは総統として君臨して、数千万のドイツ国民が彼を信じて従うまでに登り詰めたのである。

人類史上、彼ほど国民から圧倒的な支持を受けた政治家の例を見ることはできない。

「一つの民族、一つの帝国、一人の総統」というスローガンを見れば、当時、彼がいかに偶像化されていたのかを想像することができる。

貧相で毎日とんでもない空想にふけっていた落ちこぼれのヒトラーが、どうして、あれほど短期間にドイツの最高権力まで登り詰め、世界史を変えるほどの影響力を持つことができたのか。だれでも、その理由を知りたいはずだ。

ヒトラーがいかに巧妙に人々を説得し、自分の意図どおりに動かすことができたのか。本書は、彼の「大衆扇動術」の詳細を分析し、そのテクニックを日常生活に活かす方法を解説している。

もちろん、ナチスによるユダヤ人虐殺などの蛮行は許せるものではない。二度と繰り返してはならないことである。しかしヒトラーが開発した政治宣伝技術は、今でも多くの政治家に使われるほど影響力を持っている。

また、ヒトラーこそ、オリンピックに神聖なイメージを与え、国家意識を関連付けて盛大な祝典に変えた最初の政治家だった。ドイツ近代化のシンボル「アウトバーン(Autobahn)」や、ドイツの国民車「フォルクスワーゲン(Volkswagen)」も、ヒトラー政権下で作られたものである。

結果的には、ヒトラーの歪曲された国家観はドイツを破滅に導いたが、もし彼がユダヤ人虐殺のような蛮行を行わず、自らの才能を真に祖国の発展のためだけに用いていたとしたら、彼は、ドイツを近代化した偉大な指導者として記憶されたのかもしれない。

私たちは、日々の生活の中で、多数の人の前に立たなければならないこともあり、職場でリーダーシップを発揮しなければならないこともある。また、時には異性に魅力的に見られなければならないこともあるだろう。

そんな時、ヒトラーの心理テクニックを応用してみてほしい。

もちろん、「扇動術」という単語の語感から分かるように、ヒトラーが使ったそんなテクニックは決して「望ましい」とか「見習うべき」ことではない。

だが、悪人たちが自分の成功のためにどのような方法を使っているかを知っておく必要はある。そうしなければ、あなたは悪人に利用されたり、悪人に負けて酷い目に遭ったりするかもしれない。

本書は、ヒトラーの使った心理操作テクニックの全てを分析し、その技法を正しい目的のために応用することを目指している。

ヒトラーの大衆扇動術　目次

ヒトラーの大衆扇動術

01 人を洗脳するには時間と場所を選択せよ

ヒトラーの演説の特徴は「神秘的な登場」、「分かりやすい内容」、そして「群衆を興奮させる熱狂的なスピーチ」に要約できる。

彼は、演説そのものも上手かったが、演出の天才でもあった。

この節では、彼が自分の演説に説得力を与えるために、神秘的な雰囲気をどう演出したのかを調べてみたい。


人は誰でも自由意志で行動しているようにみえるが、実は、人間なら共通に持っている心の動きがある。それは、何か刺激を与えれば誰でも同じように反応するというものだ。

例えば、暗い場所で隅から光が差してくれば、人は光の方向に目を向ける。

ヒトラーは、そういう人間の本能的な反応を利用したのだ。

彼は、サーチライトの光が発する方向に立って演説するとか、漆黒の闇となった講堂で自分だけにスポットライトを当てて演説するとか、壮大な夕焼けを背にして人々の前に現れるなどの手法を使った。このようにすれば、全員の視線が彼に集中する外なかったのである。

また、ヒトラーは演説する時間と場所にも気を配った。彼は、いつでも、どんな場所でも演説をするわけではなかった。

ヒトラーは聴衆の心理的抵抗が最も弱い時間帯、つまり夕暮れ時に演説時間を設定したのだ。午前中は判断力も鋭いが、半日経って夕方になれば、だんだん鈍くなって心の防御を解き、他人が言うことも素直に聞き入れるようになる。ヒトラーが演説に夕方の時間帯をよく使ったのは、このような原理を理解していたからだ。

気だるい夕暮れ時、夕焼けで赤く染まった空を背景にしてヒトラーが演壇に立つと、集団催眠の効果は極限まで肥大化された。彼は野外で演説する時はいつも、素晴らしい夕日を背にして大衆の前に立つことにしていた。そのため、雨が降ったりして天気が悪い日は、あっさりと演説を中止した。

ヒトラーが大衆を催眠にかけるために、どれほど夕刻の時間帯を重視していたかは、彼の著書『わが闘争（Mein Kampf）』で確認することができる。

午前中から昼過ぎごろまでは、人の心は他人の意見に対して最も抵抗力が強い。しかし夕方になれば、他人の支配的な力にも従順になりやすい。人と人との会合は、対立する二つの力がぶつかる相撲のようなものだ。力強い優れた演説は、精神と意志を完全にコントロールしている状態の午前中より、夕方の最も抵抗力が弱くなった時間帯の方が、人々をよりたやすく説得することが可能で、新たな方向に聴衆の心を導くことができる。

ヒトラーはすぐに演壇に上がるということもしなかった。彼が現れる直前には荘厳な打楽器の音が響き渡って、彼の出現への期待感を高めた。演説会場には赤と白と黒で構成された鮮烈なナチ旗が空を覆っていた。長時間待ち焦がれていた群衆の前に、夕日で赤く染まった空を背景にしてヒトラーが現れると、会場は熱狂のるつぼと化した。すでに聴衆は、喜んでヒトラーの催眠にかかる準備が整っていたのだ。

このような集団催眠は、大勢の群衆が集まったところで行われた。ヒトラーは大衆集会の大切さを自分の著書の中で次のように力説している。

大衆集会は、以下の理由だけでも必要である。

人はひとりでいる時は、新しい運動の支持者になることには孤独を感じて不安に捉われやすいものだが、大衆集会の中では、より大きな共同体の姿を見ることができるので、参加する勇気を持つことができるのだ。

ヒトラーの集会はいつも人々で溢れ、演説が終わる頃には全員が集団催眠にかかったように批判的な力をすっかり失っている状態だった。ヒトラーは演説の中で、全精力を傾けて群衆の士気を高揚させ、当時のドイツの現状を嘆き、人々に新しい展望を提示した。全力を傾けた演説が雷鳴のような拍手を浴びながら終了すると、ヒトラーは生気を失ったようによろよろと演壇を降りて退場した。

Tip 話の内容より雰囲気が重要

人を説得しようとする時は、最もよい時間と雰囲気を選択しなければならない。午前中より夕方の方が人を説得するには有利である。特に、夕焼け空が広がっているような、ゆったりして美しい雰囲気は、人の感情にアピールしやすい。ヒトラーは屋外で演説する時には、空を赤く染める夕日を背景にした。夕焼けが広がる時間帯は、空全体の色が神秘的に変化し幻想的な雰囲気を醸し出すので、それを眺める人は理性が麻痺して感性的な心持ちに変わっていく。

これは大勢を相手にしている時に限ったことではない。たった一人の相手を説得しようとする時も同じである。

また、このようなテクニックは、恋愛にも応用できる。

広々とした場所で心地よい風を受けながら、神秘的な色に染まる空を眺めている時、若い女性が近付いて来てあなたを誘惑したとしたら、あなたはいとも簡単に心を寄せてしまうだろう。

異性を誘惑しようとするなら、時間は遅い夕方にした方がいい。そして、できるだけ美しい背景があって照明も薄暗くて雰囲気のある場所を選んだ方がいい。野外で会う場合なら、美しい夕焼けを眺められる時間と場所が非常に有効である。

このように、適切な時間と雰囲気の持つ力は強力である。「雰囲気」は、ただの背景ではない。

あなたは自分の力だけではなく、周りの自然と、空と、宇宙の力までを借りて、他人を説得することができるのだ。説得と誘惑に雰囲気を利用するのは、偉大な自然の力を借りて相手を操るのと同じことである。

02 計算された演出は演説と同様に重要である

ヒトラーの声は、演説に相応しい声ではなかった。気持ちが昂《たかぶ》った時は鋭い音がして、声は途切れがちになり、耳に逆らった。また、彼が興奮した状態で演説する時には、聴衆は彼の言葉を正確に聞き取ることができなかった。

それでも彼が「ドイツが生んだ最高の雄弁家」だということを、すべての人が（はなはだしくは彼の敵までも）認めている。彼はその声のおかげで優れた演説家になったわけではない。そのうえ彼の演説はたびたび長くなり、同じ話を何度も繰り返す傾向があった。それにもかかわらず、彼の演説は力と魅力に溢れていた。

彼は聴衆が何を聞きたがっているのか、よく分かっていた。社会に対する不満、暗澹《あんたん》としたドイツの現実、ユダヤ人に対する不満など、人々が心の中では思っていても表立って口にできないことを、彼が口に出して言ってくれたのだ。

ヒトラーは聴衆が聞きたい言葉だけを聞かせて、彼らの感情を高めた。時には聴衆を責

親衛隊の整列の中を進むヒトラー

めることも言ったが、すぐに攻撃の対象を他の敵（マルクス主義者やユダヤ人）に向けた。彼の演説が説得力を持っていたのは、人々がすでに抱いていた不満や怒りを、感情を込めた激しい表現で口に出し、大衆の感情を高揚させる能力を持っていたからである。

　さらにヒトラーは劇場的な雰囲気の演出に優れた感覚を持っていた。彼は自分が演説する前に補助演説家を立てて短い演説をさせるようにした。ロックバンドの公演などで、観衆が待ち望む本命のバンドが出る前に前座のオープニングバンドが出て雰囲気を高めるのが、ちょうどこれに似ている。観衆はオープニングバンドを見ながらメインバンドが出てくるのを期待して待っている。オープニングバンドの短い演奏が終わると、観衆の心は一種の「ウォーミングアップ（warming up）」状態になっていて、実際にメインバンドが登場すると、さらに熱狂することになる。

また、集会ではヒトラーが通る通路の両側にナチ親衛隊員が整列して並び、彼の存在をひと際浮き上がらせた。これはまるでポップスター、マイケル・ジャクソンがユニフォームを着た多数のボディーガードを伴って登場する場面に似ている。同じユニフォームを着た大勢のボディーガードが整列して並んでいれば、彼らから護衛を受ける人物が、何か「すばらしい存在」に見えてくる。

ヒトラーを護衛する私設警護部隊はナチ親衛隊（SS）と呼ばれた。親衛隊に入るには、外見と身長が規定の水準以上でなければならなかった。それは間違いなく視覚的な効果を上げるためであった。

ヒトラーが登場する時にはいつも、太鼓の音と荘厳な軍隊マーチが流された。これらのセッティングのすべては、高度に計算された演出によるものであった。

Tip　演出は細部まで計算することが重要だ

演説自体も大事だが、それをサポートする演出も同様に重要である。

演壇に上がるタイミング、雰囲気を盛り上げる補助演者、およびボディーガードの存在などは、演出のための効果的な要素である。聴衆の期待感を目いっぱい高めておいて、長時間待たせた後、あなたが舞台に登場するのである。そうして司会者があなたをおおげさに紹介する。大勢が集まっている場所では、聴衆にはあなたの姿はよく見えないかもしれない。しかし、あなたを中心に演出された巨大な舞台装置は聴衆を圧倒して、あなたの存在を雰囲気で伝えてくれる。

ヒトラーはこのようなテクニックを使って、どのような大規模な集会でも効果的に自分のメッセージを聴衆に伝えることができた。

人々の前に立って演説する機会があれば、できる限り時間をかけて劇場的な演出を研究しなければならない。実際に演説する場所に行って、スタッフと呼吸を合わせてリハーサルするのは基本である。時間に余裕があれば、かなり細部まで計画することができるだろう。

アップル社（Apple）のかつてのCEOスティーブ・ジョブズ（Steven Paul Jobs）は、自分が新製品を紹介する時、スポットライトを製品に当てるタイミングが1秒の誤差もないように、リハーサルでスタッフと何度も練習を繰り返したという。

完璧なプレゼンテーションのためには完璧な準備が必要だ。完璧なプレゼンテーションは偶然から生まれるものではない。プレゼンテーションでジョブズが語る言葉がたとえ偶然に見えても、それは前もって徹底的に計画されているのである。

会社や学校でプレゼンテーションする時には、台本以外にもその演説をサポートするさまざまな演出を計画し、細かなところまで完璧に計算し尽くして繰り返し練習しなければならない。そうすれば、あなたのプレゼンテーションは間違いなく成功するであろう。

03 怒りの力で扇動せよ

ヒトラーの演説スタイルは、熱狂的なエネルギーが溢れて感情的だった。論理的で物静かなドイツ人の国民性を考慮すると、ヒトラーの演説は非常に異質なものだった（ヒトラーは元々ドイツ人ではなくオーストリア人だったが、ドイツとオーストリアは同じゲルマン民族の国家で、生活圏も国民性もほとんど同じであった）。

彼の溢れるエネルギーは、長い間蓄積され凝縮された怒りから形成されたものだ。息苦しかった自分自身の青年時代の感情が爆発し、まるで立て板に水のように、熱情溢れる弁舌が口から流れ出た。

世界で最も有名な放送人と言われるラリー・キング（Larry King）は、どんな人が上手に話すかについて、以下の四つのタイプを提示している。

1．自分の仕事に情熱を持っている人

2．自分の仕事を面白く説明できる人
3．ユーモアのセンスがある人
4．何かに怒っている人

4はちょっと意外だが、ラリー・キングの説明によれば、怒っている人の口からはより強烈で説得力のある言葉が吐き出されると言う。

ヒトラーも社会の矛盾に対する怒りに燃える若者だった。本来、ナチスの前身であるドイツ労働者党（Deutsche Arbeiterpartei：DAP）は形ばかりの政党で、実際には十数名に過ぎない男たちが夕方に集まってビールを飲みながら政府をこき下ろす会合に過ぎなかった。

偶然、その集まりに参加した31歳のヒトラーは、演説者の退屈な演説に腹を立てると、演壇に上がって演説者を追い出し、「一言、言っておく」と初めて熱弁を振ったが、それが非常に人気を集めた。

その事件をきっかけにヒトラーは、ドイツ労働者党の幹部であるドレクスラーから「貴下の入党を許可します。9月16日に開かれるドイツ労働者党委員会に参加してください」という葉書を受けとった。その集会をクソだと思っていたヒトラーは、あきれてドレクスラーをあざ笑ったが、悩んだ末に、1919年9月16日、ドイツ労働者党委員会に出席して入党の手続きをした。これがヒトラーとドイツ労働者党の最初の縁だった。

怒りを抱いている人が巧みに話すことができる理由は、自らの体験による鬱積した思いがあるからで、その思いを吐き出すエネルギーが凝縮されているからである。

ヒトラーは若い時、社会への不満、飢え、挫折などを経験した。第一次大戦に参戦した彼はずるがしこい兵役忌避者たちを見て憤慨し、都会では多くの偽善と利己主義を目撃した。もちろんヒトラーも他のドイツ人と同様ユダヤ人に対する怒りを持っていた。

彼が巧みな話術を持っていたのは、自分の怒りを言葉で論理的に表現する能力があったからだ。怒りは非常に直線的でストレートな感情である。怒りという感情は伝染性も高い。人々に怒りの感情を植えつけるのは、愛を教えることよりもはるかに簡単である。

Tip 怒りの力を利用する

人を動かすには、その人の感情にアピールするのが基本である。ではどんな感情にアピールすればいいか。それは「怒り」である。

扇動する側も、何かに不満を持つ「怒っている人」であれば、よりすばらしい演説家になることができる。

要するに、次の2点にまとめられる。

①怒った状態では言葉が滑らかになる

誰でも怒った経験はあると思うが、その原因を自分の力で克服したいと思ったこともあるはずだ。自分の個人的な怒りを優れた話術の糧として活かすべきである。

②怒りは最も扇動しやすい感情である

大衆を最も煽りやすい感情はずばり怒りだ。怒りで大衆を動かした扇動家はいるが、愛で大衆を動かした扇動家はない。「非暴力」をモットーとしたマハトマ・ガンディーでさえも、あれほど多くの人々を行動させたのは、インド人を搾取した英国に対する怒りだった。

大衆を行動させようと思えば、彼らの心の中にある怒りを覚醒させなければならない。あなたの仕事は彼らの怒りに少しだけ火をつけること、それだけである。後は、あなたが何もしなくても大衆が自ずから動くようになる。

04 共通の敵を作れ

大衆を団結させるためには共通の敵が必要だ。ワールドカップがあれほど多くの人を結束させるのは、戦って勝たなければならない相手がいるからだ。

民主化運動の指導者が大衆を扇動できるのは、倒さなければならない独裁者がいるからである。大衆を扇動するには、必ず「怒りの対象」が必要だ。ヒトラーは、大衆を結束させる最も効果的な方法が「共通の敵」を作ることだということをよく知っていた。

ヒトラーはその敵を、「ドイツ民族を分裂させようと企んでいる全ての人間」、すなわちマルクス主義者やユダヤ人などに設定した。ヒトラーはドイツ国民にゲルマン民族の優秀性について語ったが、一方、非難の矛先は、徹底的に敵に向けた。

このようなテクニックは、最近の子供たちの間でも使われている。

学校で子供たちが誰か気の弱い子をターゲットにいじめるのは、いじめる側の子供たちの結束を強めるという理由もある。いじめられっ子をいっしょにいじめれば、自分たちがいじめられっ子ではないという安心感を持つことができるし、その優越感を元に自分たちの団結を強めることもできる。
ヒトラーは『わが闘争』の中で、次のようにユダヤ人を批判している。

彼らの生き方は世俗的で、彼らの精神は真のキリスト教とは本質的に無関係であり、これは2000年以上前の新しい教理の偉大な創始者、すなわちキリストに対する態度でも同じである。もちろん、キリストはユダヤ民族に対する自分の考えを少しも隠すことはなく、今と同じように宗教を商売の手段としか思っていなかったこの全人類の敵（ユダヤ人）を神の神殿から追い出すために、必要な時には鞭*までも使われたのだ。その結果、キリストは十字架に磔にされたが、それに比べて、現在、我が国のキリスト教政党は、選挙の時にはユダヤ人の票を物乞いして、ひいては無神論的なユダヤ政党と政治的不正取引まで企んでいる。それも自分の民族の利益に反してまでね。

＊「ヨハネによる福音書2：14〜2：15」
彼（キリスト）は宮の中で、牛や羊や鳩を売る者たち、また両替人たちが座っているのを見られた。そこで彼は縄でむちを作って、彼らをみな、羊も牛も宮から追い出し、両替人の金を散らし、テーブルをひっくり返された。

歴史上の人物の中で最もサタン（SATAN）に近いと考えられているヒトラーがキリスト云々と語るのは少し奇妙だが、当時、ユダヤ人に対するこのような反感は、ヒトラーだけではなく、ドイツ、いやヨーロッパ全体に存在していた。ユダヤ人に対するヨーロッパ人の反感は、古典文学、たとえばシェークスピアの『ヴェニスの商人』などでも確認できるが、ヒトラーが生きていた時代の反ユダヤ感情が特に強くなっていたのは、当時の最悪の経済状況と関係がある。とりわけナチス統治以前のドイツは、ユダヤ人の経済的活動がヨーロッパで最も活発な国で、ユダヤ人は当時のドイツ人口の3％ぐらいだったにもかかわらず、ドイツの富の約40％を保有していた。そして当時は、ドイツ国民の10人に4人が失業者といわれるほど失業問題が深刻だった。だから、ヒトラーの主張が大衆に対してあれほどまでに完璧に効果をあげたのである。

ヒトラーは、ユダヤ人がどこにでもいて、ドイツ全体がユダヤ人によって支配されていると主張した。

「ドイツ人労働者がユダヤ人に指図を受けるのは恥ずかしいことである。ユダヤ人が金づるを握って労働者を搾取する裏で、可哀そうなドイツ民族はそれに耐えなければならない。全てのドイツ民族は一つになってユダヤ人に抵抗しなければならない。我々は最後のユダヤ人がこの地を去るまで闘いを続けなければならない……」

こんな風に演説が終わると、聴衆は嵐のような拍手を送った。

ヒトラーは演説を通して、

「ドイツ民族 vs その他の分裂を企んでいる輩」

という対立の構図を作り出し、これを大衆扇動のエネルギーの下で充分に活用した。

Tip 対立の構図を作れ

最も誘惑するのが難しい人は、完璧に幸せな人であると言われている。同様に、生活に何の不満もない人たちを扇動するのも非常に難しい。

扇動が可能な大衆は、不幸な状況にあったり何か強い不満を持っている人々だ。

例えば、フランス革命が可能だったのは、貴族の横暴に対する民衆の怒りがあったからだ。当時のブルジョア階級は貴族階級を破滅させて自分たちが権力を得るために民衆の怒りを利用した。彼らは「貴族 vs 民衆」という対立の構図を民衆に示した。その構図はフランスのすべての民衆を一つに結束させるのに非常に効果的だった。

同様に共産主義革命が可能だったのは資本家の横暴に対する労働者の怒りがあったか

らだ。共産党の指導者はそのような労働者の怒りを利用して既存の経済体制と資本家階級を根底から崩壊させて権力を握ることができたのだ。

彼らは共産党宣言を通じて「全世界のプロレタリア。団結せよ！」と叫んで、資本家の下で喘いでいた労働者たちに「ブルジョア vs プロレタリア」という構図を提示した。

このように多数の人々を結束させる対立構造を作っておけば、既存の社会を転覆させるほど強く民衆を結束させることができる。逆に、そういう対立構造なしで民衆を一つに結束させるのは非常に難しい。

したがって、強力なリーダーになるには、大衆を統合する構図を適切に利用することが重要である。

05 民衆のプライドを持ち上げろ

ヒトラーの演説の中に満ちている憎悪、不満、反抗などの否定的なメッセージは、当時のドイツ人が持っていたコンプレックスに、非常に効果的にアピールできる要素だった。しかしヒトラーは、そのような否定的なイメージだけで聴衆にアピールしたのではない。ヒトラーは敵方（第一次世界大戦の戦勝国、ユダヤ人、共産主義者など）に対しては批判と憎悪の言葉だけを向けたが、ドイツ国民に対しては非常に肯定的なメッセージを送った。純粋なアーリア人の優秀性を力説する彼の演説は、自信を失っていたドイツ国民が最も聞きたい甘い言葉であった。

このようにヒトラーは、第一次世界大戦の敗北以来傷ついていたドイツ人のプライドを持ち上げることで、すべてのドイツ人を味方に引き入れることができた。絶対多数のドイツ国民から支持を受けた結果、極端な話、政治的ライバルさえもヒトラーに敬意を示すほかなかった。

ヒトラーの腹心であったゲッベルス（左）とゲーリング（右）
（左：©Bundesarchiv, Bild 102-17049 / Georg Pahl　右：©Bundesarchiv, Bild 102-15416）

ヒトラーの腹心であるゲーリング（Hermann Wilhelm Göring）やゲッベルス（Paul Joseph Goebbels）などに対する非難は当時でもよく見受けられるが、その当時のどの新聞や文献にも、ヒトラーに対する非難を見つけることはできない。

ある人は、ヒトラーが大勢のドイツ国民を一つに団結させて動かすことができたのは、ユダヤ人などに対するドイツ国民の強烈な敵意を覚醒させたからだと主張する。

もちろんそのような否定的メッセージが大衆の扇動に非常に重要な役割を果たしたのは事実だが、もしヒトラーが、ドイツ民族が優秀だというお世辞や褒め言葉で大衆の自尊心をくすぐることがなかったら、あれほど全ドイツ国民が一糸乱れずに行動するということはなかったはずである。

否定的なメッセージや肯定的なメッセージの片方だけを用いても大衆を操ることはできない。その二つは必ずいっしょに使われなければならないのである。

Tip 大衆を褒めそやせ

誰かを説得して動かそうとすれば、その人のプライドを傷つけるようなことを絶対に言ってはならない。

感情を入れずにその人の行為を責める場合はよい刺激になることもあるが、相手の能力やプライドを無視した言葉を口に出せば、相手があなたの希望するとおりに動くことは完全に諦めなければならない。

あなたが相手に注意を与えるためにその人の行為を責める場合にも、その人の基本的な能力や資質は高く評価しているということを明確に伝えなければならない。

あなたの思うとおりに相手に動いてほしいと思うなら、相手を褒めそやすことが大事だ。相手のプライドを持ち上げれば、あなたの望むとおりに動いてくれるようになる。

06
人々の不満を攻略せよ

当時のドイツは、猛烈に物価が上昇する激しいインフレーションに苦しんでいた。その上、ドイツは第一次大戦の敗戦でおびただしい戦争賠償金を支払わなければならない状況にあった。

１９２１年、連合軍は、ドイツが42年間に亘《わた》って、総額２２６０億マルクにのぼる損害賠償を支払わなければならないと決定した。さらに、その間の輸出額の12パーセントを譲渡するように決められた。

敗戦でルール地方の主要な工業地帯まで失い産業に打撃を受けたドイツにとって、それほどの賠償金を支払うのは、ほとんど不可能なレベルだった。

ドイツ・マルクの価値は暴落し、殺人的なインフレに見舞われた。そのインフレとは、パン１斤を買うために手押し車いっぱいの紙幣を運ばなければならないような、とんでもないものであった。

そのうえ、１９２９年の大恐慌まで重なり、失業率40％という恐るべき状況をもたらした。中流階級がすっかり没落して貧富の差はさらに激しくなった。

ヒトラーはこのような社会問題を集中的に攻撃した。

彼は、中流階級を崩壊させたインフレーションを問題の核心に据え、さらに、貧富の差の広がりについてはより悪化していた反ユダヤ感情を刺激した。

敗戦国として経験しなければならなかった不当な屈辱、経済破綻による中流階級の怒り、社会の混乱で深まった反ユダヤ主義など、ヒトラーの主張は当時の国民感情にピッタリと合致したのである。

考えてみれば当然のことで、物価が2日で2倍にはね上がり、パンを買うのに手押し車いっぱいの紙幣を運ばなければならないという最悪の状況に、熱情的な政治家が現れて「私たちは偉大な民族である。私といっしょに我が民族の敵に対して共に戦い、我が国を再建しようではないか」と叫べば、誰でも心がなびくであろう。ヒトラーは、まさしくそのようにして国民から圧倒的な支持を受け権力を掌握したのだ。

人々を扇動しようとするなら、一般大衆の最も普遍的な悩みに関心を払わなければならない。一般の人が何を悩んでいるのかに注意を向けるのである。人々の問題が何かを把握する。そして人々にその解決策を提示するのである。

Tip 相手の不満をターゲットにせよ

不幸な人は誘惑しやすい。彼らの不満が何なのかを把握して、それを主要ターゲットにするのだ。ヒトラーは挫折と不幸に陥っていたドイツ国民の心理を利用して、彼らを自分の望みどおりに動かすことができたのである。

不幸な人がいかに誘惑しやすいかということを説明するため、筆者の友達であるL君のエピソードを紹介したい。

その頃大学生だったL君は、大学の寮にいて静かで平和な生活を送っていた。しかし、ある日を境に、その寮をターゲットにして、英語教材会社から英語教材を売るためのスパム電話がかけられるようになった。学生寮全員の部屋に頻繁に電話がかかって来るようになったのである。

迷惑電話をかけてくるのは、英語教材会社の職員と思われる若い女性だった。彼女の声は非常に丁寧で優しかったのだが、あまりにもしつこく無差別に電話をかけて英語教材を売り込もうとするので、寮の学生全員がその女性の電話を非常に嫌がっていた。

ある日、L君が寮にいる時、彼女から電話がかかってきた。女性がいつものように英語教材についてぺらぺら説明している間、L君は静かにその話を聞いていたが、説明が終わると次のように言った。

「苦労していますね……。仕事、大変でしょうね？」

すると、彼女から意外な反応が返ってきた。彼女は「やりにくくてたまらないんです……。うわあん！」と、声を上げて泣き出したのだ。

彼女は仕事上、スパム電話をかけなければならなかったが、みんなに冷たくあしらわれるので、非常につらかったのだ。その後、L君とその女性は会って付き合うようになった。誰がこんな結末を予想しただろう。

このように、不幸な人とか生活に不満を持っている人は、その急所を正確に攻めれば、簡単に心を動かすことができる。ヒトラーもこのようにして、大多数のドイツ国民にアピールし、圧倒的な支持を受けることができたのである。

07 ナチスの宣伝原則

ヒトラーは、自分とは異なる思想を持つ人々にも学ぶ姿勢を持っていた。テロ行為を働くことは共産主義者から、組織構成とスローガンと布教方法はカトリック教会から、宣伝はアメリカの広告形態と第一次大戦時のイギリスの宣伝術を研究して学んだ。

このようにして完成されたナチスの宣伝原則は、次のように要約される。

1. 大衆を興奮させること。彼らを冷静なまま置いておかないこと
2. いかなる間違いや失敗も認めないこと
3. 非難を受け入れないこと
4. 代案の余地を残さないこと
5. 敵に何か長所があることを認めないこと
6. 敵を攻める時は、一度に一つの敵だけに集中すること

このような原則をヒトラーは自ら徹底的に守った。右記のリストから分かるように、ナチスは大衆に真実を見せるのではなく、彼らが見たいと思っていることだけを見せるようにした。また、特定の事実を強調し他の事実を略して語ることで、自分が意図したとおりに人々を説得した。

ナチスの宣伝方式は、人々の理性的な思考を停止させ、理性よりも感情によって動くように仕向ける方法だった。ナチスは、大衆に真実を知らせるのではなく、大衆が最も聞きたがる甘い言葉を聞かせて、大衆を自分たちの望みどおりに操れるようにした。

また、ナチスは次の法則を彼らの宣伝技術の前提としていた。

・人々は小さな嘘より大きな嘘を信じる
・嘘も繰り返せば人々は信じるようになる

これは今日の商業マーケティングでも同様に利用されている。

小さな嘘をたくさん並べ立てても効果的ではない。それに、ばれる危険性も大きい。

例えば、「先生から通信簿を渡されなかった」というような、子供じみた小さな嘘をいつもついているような人の言葉は、やがて誰も信じなくなる。しかし、「毒ガスを使って東京の地下鉄に乗る人々を殺せば、お前は神によって救済される」というような嘘をつければ、信じる人が現れるのだ。

「人々は小さな嘘より大きな嘘を信じる」という原則は、一見奇妙に見えるが、よく考えればたくさんの事例を見つけることができる。

嘘について、筆者が一つ追加したい原則がある。それは、

「普段は正直に生活し、嘘をつく時は一つだけ嘘をつく」ということである。

嘘は他人を思いどおり動かすための重要な要素だが、日ごろから頻繁に嘘をついているような人の言葉は誰も信じなくなってしまう。

また、嘘をつくには、非常に記憶力がよくなければならない。嘘は、増えれば増えるほどばれやすくなる。嘘をつくなら、対象を一つに絞って、それに集中するのが最も賢明な方法である。

Tip 嘘を何度も繰り返して信じるようにせよ

韓国に「A」という有名なベッドメーカーがあって、そのベッドのCF（commercial film）をテレビでよく目にする。このCFのキャッチコピーは「ベッドは家具ではありません。ベッドは科学です」である。

このフレーズが頻繁にテレビで放送されていた頃、小学校のテストで次のような問題が出されたことがある。

次の中で家具ではないものを選んでください。

①つくえ
②電話
③ベッド
④いす

その時、多くの子供たちが「ベッド」を選んだのだ。これは実話である。もちろん答えは②の電話だ。

このように一般常識といえることまでも、逆説的な宣伝文句が延々と繰り返されれば、それを文字どおり信じる人が現れるのだ。このエピソードは、大衆がいかに愚かな存在であるかを改めて教えてくれる。

一般常識レベルの内容でさえそうなのだから、まして真偽が明瞭ではない政治宣伝のようなものは、騙されて当然なのである。

大衆の本質に少しでも気づいた指導者なら、大衆を騙して自分の意図どおりに操るのは朝飯前のことだ。

宣伝が延々と繰り返されれば、それが比喩的表現なのか逆説的表現なのか、真実なのか嘘なのかを判断することができない大衆が生まれる。

大衆はそれほど愚昧である。

彼らは一番多く聞いたことを真実だと信じる。彼らを騙そうと思えば、いくらでも騙すことができる。必要なら嘘を繰り返して彼らを洗脳することだ。誰かが「宣伝は嘘だ」と主張しても、その言い分を一切認めてはいけない。たとえ話にならない嘘でも、ずっと繰り返していれば、結局は、大勢の人が信じるようになるのだ。

08

大衆扇動を総合芸術に昇華させよ

ヒトラーは演出のために、旗の波、大規模な軍隊行列、そして劇場的な照明などを使用した。特に照明効果は、まるで映画を連想させるほどよく利用した。サーチライトを照らしたりトーチを灯したりする方法が使われた。

これらはオペラが好きなヒトラーの趣向が加味されている。彼は大型オペラのビジュアル的要素を政治集会に導入したのだ。このような舞台効果は、既存のどのような政治集会にも見られなかったものである。

また、彼は自分の演説が始まる前に、徐々に雰囲気を盛り上げていくような、政治集会としてはかなりユニークな方法を使った。

これは今日のスペクタクル映画で使われる展開方法とよく似ている。戦争映画ではクライマックスの本格的な戦争場面に入る前に、戦闘準備の過程を見せてテンションを上げていくというストーリー展開がよく使用される。この手法はビルド・アップ（build up）と

ナチ党党大会にて、サーチライトによる光の列柱

呼ばれ、映画「ロード・オブ・ザ・リング（The Lord of the Rings）」の監督ピーター・ジャクソン（Peter Jackson）も非常に重要視したテクニックである。

ヒトラーは自分が演壇に登場する時、雰囲気を徐々に高めていくビルドアップ・テクニックをよく使った。高々と上げられた多数のナチ旗、荘厳なマーチ、合唱、シュプレヒコール、まるで宗教儀式のように繰り返される「ハイル」の叫び。それらは全て「偉大な総統」の演説に対する期待感を高めるために、神秘的な雰囲気を作り上げるプロセスであった。

このような雰囲気を醸し出すために、カネを払って雇った「拍手部隊」も動員された。彼らがあらかじめ雰囲気を盛り上げてくれれば、群衆は自ずとその雰囲気に便乗するようになるのだった。

また、ヒトラーはサーカスの要素も取り入れた。大きな宣伝トラックに貼り付けた広告は、明らかにサーカスから学んで採用されたものだ。彼はこんなことまで言っている。

「国民を統治するにはパンとサーカスを与えておけば充分だ」

これは確かにローマ時代の格言の引用だが、文字どおりサーカスの手法を政治集会に導入したのは彼しかいない。

結果的に彼の演説舞台は、まるでオペラと演劇、それに宗教儀式とサーカスのさまざまな要素を組み合わせたようなユニークなものになった。

もちろん、それら全ての要素は細部まで念入りに計画され、その計画どおりに執り行われたのだ。それは、オペラの公演で、舞台装置から俳優の演技まで、全要素があらかじめ綿密に準備されていなければならないのと同様である。

このような事実をみれば、ヒトラーが大衆を扇動し説得することができたのは、ヒトラー個人の即興的なアドリブ、つまり臨機応変な会話術によるのではなく、前もって計画された完璧な企画によるものだったことが分かる。

ヒトラーがなぜこれほどパーフェクトな事前準備をしたのかは、彼のいろいろな失敗経験から、その原因を見つけ出すことができる。

彼は、最初のうち、少人数の前で演説をした。そのような経験を積みながら、同じ主題でもどんなふうに伝えるかによって聴衆の反応が千差万別だということが分かるようになった。彼は、ある日曜日の朝の集会で失言をした。その時の聴衆の反応は「氷のように冷たかった」と回想している。彼はその後、「朝は聴衆を説得するのに適した時間ではない」

ということを会得した。

もちろんヒトラーは扇動家としての天才的な才能を持っていたのだが、それだけでなく演説前の事前準備はいつも完璧であった。彼の演出はわずか一つの詳細事項といえども見逃すことはなかった。彼は党の戦略のような大きな路線を決定する時だけでなく、一見些細に見える細かいことを決める時でも、その緻密さを見失うことはなかった。

彼は時々、主要な集会場所の音響状態を自ら調査して、それぞれのコンディションによって声の音調とアクセントを調節することもあった。演説会場として使われる醸造場や地下のビアホールなどの音響特性を分析して、集会場所の雰囲気や大きさ、通風状態などを綿密に調査したのだ。

彼は成功する演出には完璧な事前準備が必要だということをよく理解していた。

Tip　プレゼンテーションはアドリブではダメだ

大衆扇動は総合芸術である。演劇やサーカス、ミュージカルなどと同様なのだ。演劇はあらかじめ決められたシナリオどおりに演じられ、サーカスも決められた振り付けによって公演される。もしサーカスで、空中アクロバットを演じる人が本来の振り付けを無視してアドリブを試みれば、恐ろしい事故が発生するかもしれない。完璧な計画がなければ、サーカスも演劇も成功することはないのだ。

職場や学校でのプレゼンテーションも同じである。発表やプレゼンテーションをする時は、演劇のように前もって全てを準備しておいた方がいい。

一般的に、演劇やオペラとは違って、自分のプレゼンテーションは決まったシナリオどおりに練習しなくてもよいと考えがちだ。

しかし、プレゼンテーションを成功させるには、演劇やオペラと同じように完璧に計画して、何度もリハーサルを繰り返さなければならない。プレゼンテーションや集会では、あらかじめ会場を徹底的に調べて、あらゆることを前もって計画しておくべきである。

プレゼンテーション前の準備過程は少々退屈かもしれないが、そんな時は、「これは総合芸術だ」「ヒトラー以上に聴衆の心を捉えてみせる」と考えながら自らのモチベーションを高めるといいだろう。

再度、明確に認識しておこう。

「パーフェクトな準備だけがすばらしい公演を作りあげる」ということを。

09

ロック・フェスティバルのイメージで聴衆を圧倒せよ

マイケル・ジャクソンのミュージック・ビデオ「Dangerous」の冒頭部分を見ると、公演会場で熱狂的に喚呼してマイケルを待ちうける大群衆と、興奮のあまり気を失っていく少女たちの姿を次々と映し出す。マイケル・ジャクソンが歌ったり踊ったりする映像はまだ流れていないのだが、おびただしい数の群衆が熱狂するのを見ていると、次第に「これは、何かスゴイ」と思えてくる。このようなエネルギー溢れる映像を見ていれば、画面越しに見ているだけで心臓がときめいてくるものだ。

ひとつのモノに向けられる熱情には伝染性がある。周りの全員が舞台上のミュージシャンに熱狂しているのを見れば、最初は興味がなかった人にも周囲の熱量がうつってくる。興味のなかった人でさえそうなのだから、そんな場面をファンが見たらどうだろう。

大衆集会は、参加した人に、決してひとりではなく同じ思想を持った巨大な共同体が存在するということを理解させるだけでも意味がある。大衆集会は、群衆の心を鼓舞し熱くするとともに、彼らを勇ましくするのだ。

ヒトラーは次のように言っている。

個人が初めて大衆集会に参加して数千人に及ぶ人々に取り囲まれることになれば、その人間は、我々が集団催眠（Mass hypnosis）と呼ぶ魔術的な影響力に圧倒されてしまうだろう。

彼の言う「魔術的な影響力（magical influence）」は、最近ならロック・フェスティバルで見ることができる。ロックの公演には、クラシック音楽の演奏会などにはない熱狂的なエネルギーが存在する。それはまるで舞台上で演奏するミュージシャンのパワーを観衆に分け与えるような雰囲気なのだ。

ヒトラーの集会もロック・フェスティバルと同様に、ヒトラー自身の熱狂的なエネルギーを聴衆に伝え、そのエネルギーが聴衆によって増幅されるような雰囲気だった。ヒトラーは、そのようなエネルギー溢れる雰囲気が非常に好きで、できるだけ多く開催することを望んだ。

最初は小規模な集会からスタートしたが、時が経つにしたがって参加者はどんどん増えていった。１９１９年11月から１９２０年11月までに48回の党行事があったが、彼はそのうちの31回に演者として出演した。彼のライバルにも、ここまでできる人物はいなかった。

このように、頻繁に大衆と接触することで彼の演説スキルはどんどん磨かれていく。大衆との出会いが集会をますます扇情的で熱狂的なものに変えていったのだ。

当時の行事関連資料の中のあるポスターは、ヒトラーを「輝く演説家」と紹介している。そのポスターは参加者に向けて、「特別に、刺激的な夕べ」を予告している。これはまるで、政治集会ではなくて、サーカス、あるいはロック・バンドの公演ポスターのようだ。こんな集会でヒトラーが演壇に立とうものなら、聴衆は万雷の拍手と歓声で彼を迎え入れるはずである。

ヒトラーは集会の開催数を増やすことで頭がいっぱいだった。１９２２年以降は、ひと晩に10回を超える行事を開くこともあった。もちろんそういう行事での主要な演説者はヒトラー自身であった。

このようにすることでヒトラーは、短期間で集中的な宣伝効果を手にすることができた。これについて、ヒトラーは次のように語っている。

今、重要なのは、どんどん大きくなる群衆集会を組織化することだ。屋内、そして市街地のあちこちで闘争を拡大するのだ。

ヒトラーは、精神的な闘争には意味がないと考えていた。彼が望んでいた闘争は、ドイツ人全員が怒りと闘争心を持って各地で団結し、ドイツ人のパワーを敵に見せつけることだった。そのためには、全ドイツ国民に闘争のエネルギーを吹き込む大規模集会が不可欠であった。

一斉に挙手する群衆

ヒトラーの大規模集会に欠かせないものは軍隊の行進だった。ヒトラーの側近の一人は、「行進は人々の理性的な思考を麻痺させ、個人的な判断を消し去るのに必須である」と語っている。このような秩序だって整然と繰り返される画一的な動作は、人々に強い印象を与えるだけでなく、群衆の心を一つに結束させる重要なツールなのである。

彼の集会の演出は、単に演説者のメッセージを伝えるのが目的ではなく、演説者のエネルギーを伝えるために企画されたのだ。ちょうどロック・フェスティバルに行く理由が、会場のエネルギーを吸収することにあるのと同じである。

音楽を聴くだけなら家でＣＤを聴けば充分だが、会場に出向けば、巨大な群集を目にすることで、自分自身にもエネルギーが満ちて来て、それだけでワクワクしてくるのである。

Tip 集会を楽しいものにする

我々が経験した最低の集会といえば、学生時代の朝礼であろう。特に校長先生の長くて退屈な訓示は、学生に限らず先生でさえイライラするほどだ。退屈な集会は誰も願わないし、誰のための集会でもない。

ヒトラーの集会はそうではなかった。彼の集会は政治的なものだったが、聴衆を集めるために、さまざまなエンターテインメントの要素を取り入れていた。

人々は、最初はヒトラーの大げさな身振りや興奮する姿などの演劇的な要素に興味を持って演説を聞きに行った。

ヒトラーの演説会は入場料を徴収したのだが、それでも多くの人がつめかけた。政治演説で入場料を取って人を集めるなど、普通の政治家には想像もできないことだ。集めた入場料収入は初期のドイツ労働者党（後にナチに改名）を支える資金源となった。

このようにして、ヒトラーの集会は日増しに大きくなり、後には、ナチス親衛隊や軍隊の行進、翻る多数の旗、さまざまな照明効果など、総合エンターテインメントの様相を呈してきたのだ。

要するに、集会を成功させるには、それらが必ず楽しいものでなければならない。

人々が興味を持つのは何なのか。サーカス、手品、ミュージカル、漫談、コンサートなど、さまざまなイベントを研究しなければならない。そして集会には面白い要素を取り入れて聴衆を目いっぱい楽しませるのだ。

10　インチキ宗教の教祖に学べ

インチキ宗教の集会で、多数の信者が取り憑かれたように教祖に向かって熱狂する場面を見ることがある。もちろんそれは、さまざまな洗脳の結果だと考えることもできるが、発足からあまり時間も経っていないインチキ宗教で体系的な教理の教育ができるとは考えにくい。

たぶん信者は、集会で全員が一つの対象、つまり教祖に熱狂している雰囲気につられて、知らないうちに自分も同じ行動をとるようになるのだろう。

全員が同じ対象に熱狂する状況を演出すれば、群衆はその雰囲気に身を任せるようになる。ロックコンサートでは、全員が一斉に舞台の前で手を振り、興奮して跳びはねている。その中には自ら興奮して跳びはねる人もいるが、周りの人がしているので、それに合わせて同じ動作をする人もかなりいるはずだ。一人だけじっと何もしないでいるのはヘンに見えるから、消極的な人もだんだんと周囲の人たちに合わせて、手を振り大声で叫ぶようになるのだ。

最初は気恥ずかしかった人も同じように動いていれば、時間が経つにつれてコンサートの熱気に酔ってしまうのである。

インチキ宗教の教祖だけではない。有名な宗教指導者も同じ心理的行動を利用している。すべての信者が自分に熱狂する雰囲気を演出して、半信半疑の信者も周りと同じように行動しなければおかしく見えるようにするのである。

よく政治集会でお金を払って「拍手部隊」を雇うのも同じ理由である。

拍手部隊が拍手と歓声で雰囲気を盛り上げれば、周囲の人もそれに合わせて同じ行動をとるようになる。雰囲気に巻き込まれて拍手をするうちに、その人たちも本気で演者に好感を持つようになるのだ。考えて行動するのではなく、行動によって考えるようになるのである。

すべての人にまったく同じ行動をとらせる一番簡単な方法は、なにか印象的なシュプレヒコールとか身振りを開発して、それを群衆が繰り返すようにすることだ。シュプレヒコールと言うのは、映画「インディ・ジョーンズ」で未開人が「オウム……オウム……オウム……」などと繰り返すのを想像すればいい。

ロックコンサートでは、会場の全員が、演奏するバンド名を叫びながら熱狂するが、それはシュプレヒコールと同じ効果を持っている。ナチスの集会では、繰り返される「ハイル」の喚声と、軍隊行進の規則的な軍靴の音が、呪術的な雰囲気を醸し出した。

Tip　繰り返しの振り付けと喚声で催眠的、呪術的雰囲気を醸成せよ

群衆が一斉に行う動作に関して、異なる集団の間で面白い共通点を発見することができる。

宗教の集まりでは、全ての信者が、丁寧なお辞儀をするとか、合掌するとか、十字を切るなどの行為を繰り返すことで神聖な雰囲気を作り上げている。

また、ロックコンサートでは、全員がペンライトを振って雰囲気を盛り上げる。

ナチスは腕を一斉にあげる敬礼で、ヒトラーに対する忠誠の雰囲気を醸し出した。

北朝鮮では外国からの国賓を歓迎する時、多数の民衆が動員され、道路わきに一列に並んで花や国旗を振って熱烈歓迎の雰囲気を盛り上げる。

このように、全員が一つの対象に熱狂する集会では、揃って決まった動作をするとか、特定の音を繰り返すなどして、催眠的、呪術的な雰囲気を醸成することができる。

11　役者のように演じろ

ヒトラーが演説している記録映画を見ると、彼は普段でも非常に荒々しく感情的でエネルギッシュな男だったと思われがちだが、実際は逆であった。

ヒトラーが演説する時の姿が、普段とはまったく別人のようだと多くの人が証言している。側近たちが伝える彼の普段の姿は、ソフトな語り口で、穏やかで親切な態度をとる人だったと言われている。まるでカメレオンのように、彼は必要に応じて自分の姿を自由に演じることができたのだ。ヒトラーの個人秘書の一人は、次のように語っている。


ヒトラーが側近たちと昼食をとり、笑いながら気持ちよく話していた時、ちょうどイギリスの外交官が来たという報告を受けた。当時は、イギリスとの関係が悪化していた頃だった。ヒトラーは慌てて、むっくと立ち上がって言った。

「ちょっと待て。彼を入れるな。私はまだ笑っているから」

彼は、側近たちの前ですぐに怒った表情を作り、見る間に顔色を暗くして目を剥きながら荒い息をし始めた。そして、外交官の待っている隣の部屋に入っていくと、その可哀相なイギリス人に向かって怒ったように大声で怒鳴り始めた。10分後、ヒトラーは額に汗を浮かべながら戻って来た。彼は扉を閉めて、くすくす笑いながらささやいた。

「おい。俺にお茶を一杯くれ。あのイギリス人のやつ、私がすごく怒っていると思っただろうな」


ヒトラーは非常に優秀な役者だった。彼は怒っていない時でも怒った振りを演じたり、群衆にアピールするために普段とは違う身振りや態度を見せた。


立派な指導者になろうと思うなら、うまい役者にならなければならない。

ヒトラーは無名時代から、鏡を見ながらいつも一人で演技の練習にふけっていた。その結果、彼は誰よりも芝居がうまくなった。ヒトラーはたびたび感情の噴出をコントロールできずに発作的な行動をしたことで有名だが、実は、そういう行動もすべて自ら演出したものだった。

あるナチス将校は、ヒトラーが怒りで狂ったように興奮した時、唾が口からあごまで流れ落ちるのを見たことがある。それにもかかわらずヒトラーが、ただ一瞬たりとも論理の流れに乱れがなく整然と問題点を指摘するのを見て、そのような発作が演技なのだと分かるようになったと語っている。

Tip リーダーは役者になれ

立派なリーダーになろうと思えば、優秀な役者にならなければならない。気分が良い時でも怒った顔をしなければならないこともあるし、気分が悪い時でも明るい顔をしなければならないこともある。演技のできない人が他人にアピールするのは難しいのだ。

有名な歌手が公演会場で愛のバラードを歌う場面を想定してみよう。そんな時、歌手は自分がどんな状態でも恋に落ちた表情を顔に浮かべて歌わなければならない。数多い公演の中には、腹が痛くて下痢状態で出演する時もあるはずだ。そんな緊迫している時でも、歌手は恋に落ちている表情で歌わなければならない。それが本当のプロだといえる。

歌手が人気を取るために演技をするのと同じように、リーダーは人々から支持を得るために演技をしなければならない。指導者も人間である。自分の下した決定が正しいかどうか迷う時もあるだろうし、直面する状況に焦ることもあるはずだ。しかし、優秀なリーダーは、どんな時でも周囲に自分の心のうちを知られないように注意しなければならない。

また、リーダーは敵を騙すために演技をしなければならないこともある。そういう意味では、リーダーは、芸能人以上に演技が必要な役柄なのである。

ヒトラーはいつも自分の部屋に鏡をおいて演劇俳優の身振りを真似しながら演技の練習をした。ヒトラーにとって演説は単なる言葉ではなく、大衆を扇動し、説得して操るための道具であった。そのような目的のために、ヒトラーは自分を俳優だと認識して徹底的に演出された姿だけを大衆の前においた。

これはヒトラーのような邪悪なリーダーだけではない。他の偉大な政治家も同じテクニックを使っている。正直は一般人には美徳だが、リーダーには必ずしも美徳ではない。なぜなら、リーダーとは人々を導いて絶えず敵と闘争しなければならない役目だからである。

孫子の兵法では「戦争というものは、終始一貫騙し合い」と言っている。交渉の席で嘘がつけなくて、手の内を全部見せ、いつも不利な条件で交渉する愚か者をリーダーにしたいと思う人がいるだろうか。

あえて言えば、正直であるべき時には正直であり、事実と違う姿を見せなければならない時には俳優のように演技ができる、そんな人物こそ、よいリーダーになれるのだ。たとえ正直をモットーとする組織だとしても、それはあくまで「戦略的正直」でなければならない。

12　ヒトラー演説の実例（5月演説）

演説の演出では、その演説の企画意図、演説が行われる時間と空間、そして演説の効果を極大化させるためにどの要素をどう動員するかなど、その構成を熟慮することが重要である。

ヒトラーの演説が、いかによく準備されて行われたのかということを知るには、あの有名な「5月演説」の演出を参考にする必要がある。

1933年、ヒトラーは、もともと「労働者の日」と呼ばれていた5月1日（メーデー、May Day）を「国民労働の日」と名称を変えて新しい祝日に指定した。そして、これを記念するために大々的な行事を開催した。

その目的は、ナチスに好感を持っていなかった労働者階級の支持を引き上げることだ。この行事は、ドイツの全ての労働者を陶酔させる国民的ショーにならなければならなかった。

この時ヒトラーが行った演説を「5月演説」という。彼の演説はこの行事のハイライトだった。

ここで注目しなければならないのは、演説の効果を極大化するために、どのような演出テクニックが使われたかということである。

まず、大規模な集会にするため、多数の群衆が動員された。その群衆はベルリンで働く勤労者だったが、彼らは早朝から行進に参加しなければならなかった。そうしなければ会社をクビになるという脅しを受けていたのだ。各職場の勤労者は会社の名前が書かれたプレートを持って、指定された集結地に向かうよう決められていた。彼らが会場へと移動して行く道順は全て視覚的な効果を考えて緻密に計画されていた。

そうやって集結した群衆と演壇の間には、軍人と警察、そしてナチ党員が横一列に整然と並んだ。また演壇は巨大な旗で飾られ、威容を誇っていた。

このような演出はその演説の規模とも関係がある。ヒトラーが過去によく演説した醸造所やビアホールなどの狭い場所では、演説者が聴衆を眺めながら演説することができた。しかし、5月演説のような超大型の集会では演説者の姿をまともに見ることは不可能だ。遠く離れた群衆が受け取るのは、その会場の雰囲気と拡声器から流れる不明瞭な音声だけだった。

大規模な集会では、音声が届きにくいという短所もあるが、その場の雰囲気に圧倒されるという長所もある。これは、メッセージの伝達より、感性に訴える割合がより大きくなければならないことを意味する。したがってヒトラーは5月演説の集会を、一種の荘厳な宗教行事のような雰囲気で演出した。

次に、5月集会のプログラムがどのように進行されたのかを見てみたい。それによって、その場の雰囲気をおおよそ把握することができるだろう。

- 闇が立ち込める頃、数多くの旗が演壇に集結する
- 制服警察とナチ親衛隊員が演壇の前の席に座る
- 夕方8時、サーチライトが点灯される
- 軍楽隊が行進曲を演奏する
- 演壇にヒトラーが登場する
- 宣伝長官ゲッベルスが挨拶して、全員が黙とうする
- ヒトラーが演説する。演説はラジオで同時中継される
- 演説が終わって、ドイツ国歌合唱

- 記念植樹式
- 軍楽隊の演奏、軍隊の行進
- 花火。空中に花火で巨大なナチスのかぎ十字を描く
- 閉幕行進

これは今日、どこでも見かけるありふれた政治集会のように見えるかもしれない。しかし、当時においてこれほど大規模な集会は、まさに革新的なものだった。

それはちょうど、今の私たちが携帯の着信音として繰り返し聞いているモーツァルトの曲が、当時初めて聞いた人にとっては、とても新鮮に感じられたというようなものだ。

1934年、ナチスの党大会（©Bundesarchiv, Bild 102-16196）

つまり、今日これほどよく使われている政治集会の基本フレームは、ヒトラーとナチスが開発したものである。ナチスの集会方式があまりにも模倣されているので、私たちには「ステレオタイプ（stereotype）」に感じられるほどだ。

とにかく当時、このような行事は非常に効果的だった。参加したひとりひとりに巨大な

共同体の存在を感じさせるとともに、軍隊的な儀式で秩序を誇示するという効果もあった。

ナチスの5月集会には、軍隊儀式と宗教儀式を混ぜ合わせたような荘厳な演出が登場した。巨大な旗、建物の装飾、荘重な音楽、魅力的な制服、会場での大衆の配列など、全てがあらかじめ綿密に計画され準備され、このような計画的な演出が、ヒトラーの演説をより効果的にする前準備であったのだ。

＊豆知識：ナチスとベルリンオリンピック

ヒトラーが大衆集会で用いた演出ノウハウは、その後さらに発展して、1936年のベルリンオリンピックをより輝かしいものにした。ベルリンオリンピックは、オリンピック史上初めて政府の強力な支援によって盛大さを誇示した大祭典として記憶されている。また、ナチ旗が大会会場の内外で翻るなど、政治目的に使われた最初のオリンピックでもある。

今日、オリンピックは開催国の国威発揚の場でもあるが、そのようなコンセプトはベルリンオリンピックが最初だった。また、金メダル以外に勝者の頭に月桂冠を捧げるなど、あたかも古代ギリシアの儀式のような神聖な雰囲気を演出した。太陽光で着火した聖火をアテネから開催地まで運ぶ「聖火リレー」を始めたのもベルリンオリンピックだ。

ベルリンオリンピックのメダル授与式にて、ナチス式敬礼をする観衆
（©FOTO：FORTEPAN /LőrinczeJudit）

このように、ベルリンオリンピックは「神聖な儀式」を演出する彼らの能力が充分に発揮された全世界的な祭典であった。またこの大会は、最初に中継放送されたオリンピックとしても記録されている。これはスポーツ史上重要な意味を持つ。この大会を基点としてスポーツとメディアの出会いが始まったのだ。

今日私たちが当たり前のことだと思っているスポーツとメディアの関係、そしてオリンピックと国家威信の観念、月桂冠や聖火リレーなど、オリンピックを神聖なセレモニーとするさまざまな儀式的要素が、ナチスによって創造されたのだ。要するに、ベルリンオリンピックこそ、現在の華やかなオリンピックの源だったのである。この事実はかなり衝撃的である。

13　若い頃のヒトラーはどんな人間だったのか

次はある人物が書いた詩の一節である。

彼女の解けた髪が黄金色の波のように肩に垂れ下がった
明るい春の空が彼女の上に広がっていた
すべては純粋で幸せに輝いていた

この詩を書いた人物とは、そう、若い頃のヒトラーだ。

今日のヒトラーに対する邪悪なイメージからすると、このような繊細な感受性は理解しにくい。しかしこのような純粋な感性は、別の証言にも表れている。

1907年、18歳のヒトラーは母親が死んだことを知って家に帰って来た。彼は母の臨終を看取ることができなかったので、母の最期に付き添った主治医に会いに行った。その医者は、「あれほど苦しがって悲しむ若者は、今まで一度も見たことがない」と語っている。ヒトラーのような悪魔が、美しい女性を見て感受性溢れる詩を書いたり、母親の死に苦しみ悲しんだことなど、すぐには信じられないことだ。

後に現われる彼の狂気と残酷さに照合して見ると、若い時代のこのような面は、私たちを当惑させる。

しかし人間はそれほど単純な存在ではない。ヒトラーという人間にも純粋な芸術的感受性と殺人鬼の残酷さが一つのパッケージとして共存していたというだけのことで、あまり驚くことではない。連続殺人犯逮捕のニュースで、犯人が住んでいた周辺の住民へのインタビューを見ていると、「いつも親切でいい人でした」とか「いつも笑顔の大人しそうな人でした」とか「あの人がまさか！」というような、犯罪の内容からは想像できない話を聞くことができるが、ヒトラーの二面性もそれと同じである。

ヒトラーは生まれつき現実より理想を重視する方だった。それは女性についても同じだった。彼は、若い頃好きになった少女に対して、積極的に求愛するどころか、相手に自分の存在を気付かれることさえ嫌がった。その理由は、恥ずかしかったからではなく、自分の幻想が壊れるのを避けるためだった。
彼は散歩の時、ときどき見かけるその少女に、数え切れないほどたくさんの愛の詩を書いた。彼はその少女を「ベルベットの服を着て白馬に乗り、花が咲く野原を走るプリンセス」として描いている。本節の冒頭の詩は、ヒトラーがその少女に向けて書いた詩の一節である。

彼は職業でも現実より理想を重視した。彼は「食べて暮らすための職業」を蔑視した。ヒトラーは、芸術を通して、ある「超越的存在」になりたいという強い願望を持っていた。しかし、大学入試に二回も失敗してその願望が挫折した後、彼はますます自分の作り出した想像の世界に没頭するようになった。
ヨアヒム・フェスト（Joachim Clemens Fest）は著書『ヒトラー』でこう書いている。

ヒトラーは深夜までリンツ市の都市改造計画に熱をあげ、劇場建築、豪華な住宅、博物館、あるいはドナウ川に建設したいと空想した橋の設計図を描いたりした。35年後、彼は独断的な満足感を満足させるために、若造時代の設計図どおりにそれらを建てることを指示した。

若い頃のヒトラーが芸術に強い関心を持っていたのは生来の感受性のせいもあるが、実社会の抑圧から逃れようとして想像の世界に入り込んだためでもあった。

当時のドイツ社会は、彼にはあまりにも抑圧的で息苦しく、現実を逃避するための手段が必要だったのだ。

入試に二回も失敗し、現実に適応できなくなって自分だけの空想にふけっていた落ちこぼれの若者、純粋な芸術的感性と現実社会に対する怒りを同時に併せ持っていた野心家、それがすなわち若い時代のアドルフ・ヒトラーだった。

後に、彼は自分の芸術的感性と社会に対する怒り、そして理想的社会に対する狂気じみたビジョンを結合して歴史上類を見ない大衆扇動術を開発し、その技術を利用してドイツ国民の心を捉え、総統の地位にまで登り詰めたのだ。

14　神秘化戦略

ヒトラーは大規模集会でも、また側近との会議でも、彼だけが持つ独特のカリスマ性で人々を圧倒した。彼が熱狂的な追従者を従えることができたのには、徹底的に神秘主義を貫いたことが重要な役目を果たしている。

ヒトラーは若い頃から、他人が彼のプライバシーに関心を持つことを嫌がって、誰とも深く交流することはなかった。

彼はいつも人間関係に一定の距離を置いていた。学生時代にも親しい友人がいなかった。唯一の友達は性格の良いアウグスト・クビチェク（August Kubizek）だけだった。彼は若い頃ヒトラーに懇願されてウィーンまで付いて行ったことがあるが、彼との友情もヒトラーが二度目の入試に失敗して姿をくらましたことで終わってしまった。

ヒトラーは学生時代、下宿屋に住んでいたのだが、周囲の誰も彼を憶《おぼ》えていなかった。

当時学生同士は互いに「お前」と呼びあっていたが、ヒトラーは「あなた」という表現を

別荘でエヴァ・ブラウンと過ごすヒトラー
（©Bundesarchiv, B 145 Bild-F051673-0059）

使った。しかし、その表現が不自然でないほど、彼は仲間たちから孤立した存在だった。

ヒトラーは権力を握った後も、自分のプライバシーが公に晒されないように徹底的に管理した。

彼は都心から遠く離れたアルプスの別荘で余暇を過ごして、いろいろ遠大な計画を立てていた。大衆の心に焼き付けられたヒトラーのイメージを維持するために一番重要だったのは、下手に大衆の前に姿を現わさないということだったのだ。大衆には、ヒトラーが最も理想的な姿で収まっている写真と夕陽を背景に演壇で熱弁を振るうシルエットを見せるだけで充分だった。

このような神秘化戦略は人々に多くの興味と好奇心を植えつけた。多くのドイツ人が彼を直接見たくて別荘のある山に押し掛けた。ある時には２０００人を超える人々が別荘の近くまで集まって彼の姿を見ようと待ち受けることもあった。

やがてヒトラーの別荘周辺には交通規制が敷かれ、夕方、ヒトラーが散歩する時には、群衆から警護する必要まで生じた。これはまるで熱狂的ファンが有名な芸能人の家の外に集まって、出てくるのを待ち構えているのと同じである。

国民からこれほど高い人気を集めた政治家を探すのは難しい。

現在は誰でも彼の正体を知っているので、ヒトラーという名前を聞いただけで悪魔のようなイメージを思い浮かべるが、当時のドイツ国民の間では、まったく雰囲気が違っていた。ドイツ人は彼を、「国民には慈悲的でやさしい総統であり、ドイツを偉大な帝国に発展させる強靭な指導者」だと思っていた。そんなイメージは、ヒトラーとナチスによる巧妙な情報統制とイメージ操作によって作られたものだ。

ヒトラーは長官たちが参加する非公式のパーティーに姿を見せることはなかった。政治の世界に入った当初は、外国人記者の前でインタビューに応じることもあったが、権力を握るにつれてだんだんそのようなことは少なくなった。それは意図的な神秘主義戦略だけではなく、人と接するのが本当に好きではなかったからでもある。特に彼は外交官や政治家たちと同席するのが嫌いだった。

彼のこのような性格は、カリスマ的なイメージを作るのに利用された。ヒトラーは首相に就任した後、自分の私生活に関する全ての出版を禁止させた。国民が彼の私的な部分を知ってしまうことは、彼にとってカリスマ性が崩壊することを意味していた。

イタリアの独裁者ムッソリーニが水着姿で撮られた写真を公開された時、ヒトラーは彼をさんざん嘲笑した。彼は、自分ならそんなことは絶対に起きないように注意すると言いながら、誰かが彼の水着姿の合成写真を作って配布したらどうしようと心配していた。

彼は医者の前で服を脱ぐことも嫌がっていたし、腹痛でX線撮影をしなければならない時にも撮影を断った。彼は暑い時でも絶対に素肌を出さず、全身を衣服で完全に覆っていた。

自分の過去の私的な部分が大衆に流布するのを恐れて、昔の下宿時代の知人を殺すように命じたり、さらには、一時家事の世話をしてくれた妹のパウラに別名を名乗るように強要したりした。彼は自分のプライベートな部分を徹底的にベールで隠したかったのだ。

このような行動は、多分、著書『わが闘争』で築き上げた神秘的で美化されたイメージが、嘘がばれて消えてしまうことを恐れていたためであろう。

幸いにも彼は、生涯カリスマ性を失うことはなかった。

Tip 神秘化戦略の核心＝情報コントロール

神秘化戦略が効果的な理由は、与えられた情報が不足している場合、人々は自分の想像力を働かせるようになるということだ。想像力は、あらかじめ与えられた情報の上に、さらに大きくイメージが膨らむように働く。

例えば、本物のヒトラーを一度も見たことがない人が、メディアを通じて次の3枚の写真を見たと仮定する。

(1)ヒトラーが熱情的に演説する写真
(2)ヒトラーに対して熱狂する群衆の写真
(3)ヒトラーが花畑で子供を眺めながら微笑んでいる写真

ヒトラーに対する予備知識がまったくない人が、この3枚の写真だけに接したとすると、その人が想像するヒトラーの姿は、熱情とリーダーシップに富んだ心やさしい立派な指導者であろう。この3枚の写真だけから、ナチス突撃隊員を使って労働者に暴力を加えたことや、アウシュビッツで残忍なユダヤ人虐殺を行った事実を想像することは不可能に近い。人類史上最悪のホロコーストを行った悪魔が、慈悲深い指導者に姿を変えたのだ。まさしく、これが神秘化戦略なのである。

神秘化戦略の核心は、すべてのものを大衆の想像に任せることだ。そしてその想像力を刺激するように、厳選した資料だけをメディアを通じて公開することである。

ここで重要なのは、人々が持つイメージを保つために、公開する資料は注意深く選出しなければならないということだ。無暗に私生活が流出したり、見苦しい写真が公開されたりすれば、意図したイメージを作る障害になってしまう。想像の余地が多ければ多いほど、そのイメージは理想的な姿に近づいていくのだ。

神秘化戦略は、有名人や芸能人だけの専有物ではない。一般の人でも、自分の魅力を高めるためにこの戦略を使うことができる。

ここで面白い事例を紹介しよう。筆者の大学時代の先輩が、このテクニックを使って女性にもてる男になったことがある。

その頃彼はギターの初心者だったが、初めて買ったエレキギターで熱心に練習してクリス・インペリテリ（Chris Impellitteri）の有名な曲「Somewhere Over The Rainbow」の初めの部分を弾けるようになった。

ある日、彼は同じ学科の学生たちとキャンプ場に遊びに行った。夜になると一部の学生は室内でポーカーに興じ、他の学生たちは外でギターを弾いたり歌を歌ったりして遊んでいた。

その先輩はポーカーをしていたのだが、トイレに行きたくなって外に出た。トイレを済ませて部屋に戻る途中、彼は立ち止まってギターを弾いている後輩の演奏を聴いた。ギターを弾いている後輩は男だったが、そこには可愛い女性の後輩たちがたくさんいた。部屋でポーカーをしていたのは全員男だったので、彼は外で女の子たちといっしょにいたかった。

後輩の演奏が終わると彼はギターを借りて、「Somewhere Over The Rainbow」の初めの部分を弾き始めた。すると、その場にいた全員が歓声を上げた。

この曲を知っている読者にはお分かりだと思うが「Somewhere Over The Rainbow」という曲はかなり技巧的で、エレキギターで弾くと演奏者が相当上手く見える曲である。

彼は、自分が弾ける部分を弾き終わると、「ポーカーの途中だった」と言って部屋に戻っていった。女の子たちは、彼の後ろ姿に向かって歓呼した。

その後、彼は、女性の後輩からは「かっこいい先輩」といわれ、男の後輩には「ギターの神」と呼ばれるようになったのだ。

この事例から分かるように、「能力のカケラ」だけを見せて、全体の能力がすごいことを暗示することができる。逆に、全ての能力を見せようとすれば、失敗する確率が高くなる。そして、たとえ成功したとしても、人々が想像力を使う余地がなくなってしまう。

どんな能力をどんなタイミングで見せるかによって、誰でも人々の間で伝説的人物になることができるのである。

革命家チェ・ゲバラのよく知られている写真は、彼の神聖なイメージを世界中の人たちに与えている。

チェ・ゲバラ

あなたが自分の能力を示したいと思うなら、自分が持っている能力の一部分だけを、相手がそれと気づかないように演出して見せるのだ。そうして、こちらがまだ見せていない他の能力についても、相手がいろいろと想像を広げてくれるようにし向けるのである。

15　メッセージより雰囲気だ

ヒトラーの演出手法は、集会場所や群衆の数と密接な関係があった。彼の演説は、時には短く力強い調子であり、また、時には長くて同じ言葉を繰り返すものだった。前者は小規模な集まりで、後者は大規模な集会で効果を発揮した。

比較的狭い空間では言葉の伝達が明確で聴衆と目を合わせての交流も可能だ。聴衆は演説する人をはっきりと見ることができるし、演説する人も聴衆に目を向けることが可能である。

しかし大勢の群衆が殺到する野外の集会では、そのような接触は不可能だ。したがってそういう場所での演説は、あたかも荘厳な宗教儀式のような演出で行われる方がいい。このような集会では、メッセージの伝達よりも雰囲気で群衆の心理を圧倒する方がより効果的なのだ。

大規模集会では、集まった人々にはヒトラーが何を言っているのか聞き取れないことも頻繁にあった。ある集会の参加者は、「ヒトラーさんが怒りにとらわれて何か叫んだが、何を言ったのか後ろではよく聞こえなかったのです」と言っている。

それでも人々は儀式の厳粛さと共にヒトラーの熱情的なジェスチャー、そして、大勢の人が集まった全体的な雰囲気に囲まれて無我夢中になることができたのだ。彼らが感じるのは、ヒトラーが非常に熱情的にエネルギーを発散していることであり、彼のメッセージより、彼のエネルギーと大規模集会の高揚した雰囲気に酔うだけだったのだ。

例えば、日常的な集まりでも、3、4人の集まりなら互いに話をすることに重点を置けばいいが、たくさんの人が集まる状況、たとえば大型パーティーや客のたくさん集まる結婚式などでは、ひとりひとりのコミュニケーションより、その集まり全体の雰囲気に重点を置くべきである。

つまり、集まりの規模が大きくなればなるほど、マンツーマン（man to man）のコミュニケーションの比重は小さくなって、参加者の心は集団全体の雰囲気と同化していく。そして、そんな雰囲気をどれほど上手く作れるかが、その集まりの成否を決めるのである。

例えば、ある会社が新年を迎えて数百人の全社員を集めた新年会を開催したとすると、その集まりは、社長がどんな演説をしたかということに意味があるのではなくて、新年の雰囲気の中で全社員が一堂に会したということに大きな意味がある。

そしてこのような集会の目的は、何か具体的な情報の伝達にあるのではなく、全社員に共同体としての雰囲気を感じてもらって、その企業に所属しているという気持ちを再確認し、新しい出発を意識させることだ。

残念だが、このような種類の集まりは、退屈極まりない場合が非常に多い。その理由は、形式的で硬直した企画の集会が多いからだ。

あなたが、その集会の担当者で、

「今までそうしてきたのだから、いまさら変える必要はない」

と考えているのなら、あなたは退屈な集会の伝統を引き継ぐ共犯者になるだけである。多分、あなたの前任者もそうだったのだろう。

会社の全体の集まりはできるだけ楽しくして、その中で、会社が希望のある未来を持っていることを全社員に知らせることが重要だ。

会社の集会だけではない。私たちの生活に身近な各種の集まりも、既存の形式的なスタイルで運営するのではなく、自分の意図するコンセプトを考えて、そのとおりに演出してみてはいかがだろう。

16　目に力を入れろ

大規模集会ではなく、狭い空間、つまり日常働くオフィス空間などでカリスマになる秘訣は、まず目つきをしっかりと管理することである。

ヒトラーは、相手を目つきで圧倒する才能があった。彼は、自分が強い印象を与えたい相手には、ほとんど瞬きせずに、見つめるだけで心理的に圧することができるということを知っていた。

彼は、精神的に圧力をかけなければならない相手に会うときは、ほとんど瞬きをしないで、相手をじっと見つめた。彼の灰色がかった緑色の瞳で強く見つめられれば、相手はその視線に圧倒されて、ただおどおどするだけだった。あるアメリカ大使の娘は、その目を見た瞬間、非常に強烈な印象だったので、永遠に忘れられないと言っている。

そういう神秘な目つきは、部下に命令を下す時や、あるいは自分を訪ねて来た外交使節を心理的に圧倒する時などに、かなり役立ったと伝わっている。

「目は心の窓」だと言う。あまりハンサムでない人でも、目つきが聡《さと》ければはるかに魅力的に見える。男と女は、ただ数分間互いに見つめ合うだけで恋に落ちて結婚にまで至るようになるという心理学の実験がある。また、初めて会った異性（男女）は、初めの3秒間の視線の交換で付き合うか付き合わないかを決め、女性は自分の視線を避ける男性に良い印象を持つことはないとも言われている。目つきというのはこれほどまでに重要な役割を担うものなのだ。

ホテルでヒトラーの日常の姿を目撃したあるレポーターが次のように書いている。

私は彼が午後ホテルでお茶を飲むのを目撃した。私は、彼が演壇の上で熱情的に群衆を捉えるのは真の姿ではなく、ただの仮面かもしれないと思っていた。しかし、彼を直接見たあと、そのようには思わなくなった。彼が雑談する時とか友達と冗談を言っている時にも、私は彼の目から強烈な炎が立ち上るのを見ることができた。

ヒトラーは無名時代、下宿部屋に引きこもって鏡に向かいながら、絶えず目つきを自己管理できるように練習した。その練習の結果は、彼が権力を握った後で、部下を心理的に圧するのに非常に有効に使われた。

ここでもう一度、リーダーに要求される能力として、演技の重要性を再確認しておこう。さらに、演技の核心が目つきにあるということも確認したい。

ある若い男性俳優の話だが、彼はいつもカリスマ性のあるヒーローだけを演じているので、映画や広告の撮影の時は、目に力を入れて演技をすると話していた。彼は、撮影が終わった後、「撮影中、目に力を入れ過ぎるので目が痛くて大変なのです」と告白していた。

Tip カリスマとは、目つきである

目つきはカリスマと不可分の関係にある。ぼんやりした瞳のカリスマを想像するのは難しい。

目つきは、特に、演説者と聴衆の視線が合う狭い場所での集会に役立つ。目つきは相手の心を動かすのに決定的な役目をするのだ。お願いをするとか、説得するという時、相手の心を動かすのは「目つき」なのである。

イタリアのドライバーは割り込みや乱暴な運転で有名だ。マナーを心得ないドライバーが多いので、交通渋滞の時に隣の車線に車線変更しようとしても、めったに譲ろうとはしない。しかし、窓を開けて頼むような視線を送ると、どんなにひどいドライバーでもすぐに譲ってくれると言う。他の車が自分の前に割り込むのは損失だと考えるのは、理性的な判断だ。しかし、相手の目が「入れてほしい」と訴えるのは、感情的なことである。すなわち、相手の目を見つめるという行為は、理性的な判断を麻痺させて感性に訴える効果があるのだ。

視線の交換はすなわち「感情」と「気持ち」の交換だ。

リーダーのカリスマ性もやはり「感情」と「気持ち」でしかアピールできない。目と目で見つめ合ってこそ、一番効果的に伝えられるものなのである。

17　聴衆の心に火をつけろ

あなたが野心のある政治家だと仮定しよう。権力を手に入れるには、有権者の理性にアピールする方がいいのか、それとも感性にアピールする方がいいのか、どちらだろう。

ここまで本書を読み進めてきた読者は、当然、感性だと答えるだろう。その通りである。さらに極端なことを言えば、歴史的に見て、有権者の理性だけに訴えた政治家は全て失敗している。それなのに、今でも多くの政治家が、理論的には分かっていても、実際には有権者の理性に訴えて失敗する愚を繰り返している。

例えば、年金改革の必要性を主張するのに、複雑な図表やチャートを持ち出して退屈な数字の話をする政治家は、利口に見えるかもしれないが、有権者の心を捉えることには間違いなく失敗するだろう。それにもかかわらず、このような過ちを犯す政治家が多い。

政治家であるあなたと直接利害関係にある人は、全人口に比してほんのわずかにしか過ぎない。そして、その少数の人たちは、あなたをハートではなく頭で支持する。すなわち、彼らはあなたが成功して権力を握った時、直接利益があるから支持をするのである。しかし大多数の人は、あなたが権力を持っても直接的な利益を得ることはない。また、あなたが権力を失っても直接的な損失を被るわけでもない。だから、そのような絶対多数の人々の支持を獲得するには、冷たい頭より、熱いハートに訴えなければならないのである。

子供たちが集まっている時、一人の子供がわっと泣き始めたのをきっかけに、他の子もつられて次々と泣き始める場面を見たことがあるだろう。一人が泣き始めれば、他の子供たちも感情的に同化を始め、結局その場所にいる全ての子供たちが泣くようになって、そこは完全にカオス状態になってしまう。子供だからそうだと言うのではない。程度の差はあれ、基本的には大人でも同じである。

あなたの心が熱情的であるなら、周りの人々もその心に感銘を受けるようになる。あなたが声を高めて拳で机を叩けば、周りの人々もその怒りに同調する。あなたがすすり泣けば、周りの人々もその悲しみに同情する。

このように、あなたが何か激しい感情を見せれば、必ず周辺の人々はそれに影響されるようになる。

ヒトラーの成功の秘訣は、まさしく彼の豊かな感情、すなわち、激しく感情を込めた演説スタイルにあったのだ。

ヒトラーの演説は典型的なドイツの政治家たちとはまったく違っていた。彼は感情が激昂すると空に向かって拳を振り、演壇を打ちつけながら叫んだ。彼はよく声を高めて大声を出したが、その声はすぐにささやき声に変わった。ヒトラーが既存の政治家たちより大衆にアピールできたのは、彼が豊かな感情の持ち主で、それをうまく表現できたということだ。

また彼は、人々に自分の熱情を表現して、彼らからも熱情を引き出す技術を持っていた。普通のドイツの政治家たちの無味乾燥な演説だけを目にしてきたドイツ国民にとって、ヒトラーの感情豊かな演説は衝撃そのものだった。

若い頃、いつも引きこもって暮らしていたヒトラーは、社会への怒りと自己表現の欲望を聴衆の前で爆発させた。彼は、こう言った。

「数多くの人々が熱狂して喝采するのを体験すれば、本当に鼓舞される」

感情のない、理性的な態度で大衆の心を動かすことはできない。人々を動かすのは、感情の嵐なのだ。

18　シニカルな人々を動かせ

もちろん、ヒトラーの演説が初めから良い反応を得たわけではない。ドイツ人は第一次世界大戦の敗戦と経済不況で、深い敗北主義に陥っていた。敗北者は大抵、冷笑的だ。だからヒトラーの真剣さが適切に表現されていなかったら、冷笑を受けたはずだ。

当然、彼も、最初のうちは嘲笑された。群衆が呼応せず、寒々しい雰囲気だけ残して失敗した演説もあった。

そのような彼の演説が、どうして説得力を持つようになったのだろうか。いつから人々が彼を真剣に受け入れるようになったのだろうか。

もちろん、ヒトラーが真剣に演説をしても、初めのうちは、彼の大げさな演技と感情の爆発をこっけいだと思う人が少なくなかった。初期の頃、人々は政治的な関心よりも面白い演劇を観に行くような気持ちで野次馬のように集まってきたのだ。そうするうちに、

1922年頃には、1万人以上の聴衆が集まるまでに発展した。

『ヒトラーのワンダーランド（Hitler's Wonderland)』を書いたマイケル・フライ（Michael Fry）は、彼が初めてヒトラーの演説を聞いた時の感想を次のように説明している。

ヒトラーが演説するのを初めて見た時、私はこう思った。

「完全にコメディアンだね！　コメディアン！」

しかし20分ほど経つと、私は自分でも分からないうちに気持ちが浮かれていた。熱情的な説得力と燃える愛国心、そして何よりも心から湧き出る真実性が、ヒトラーを他の既存の扇動者たちから際立たせていた。

すべての人々は、彼の一言一句がエネルギーに溢れていることが分かっていた。ある時には、それが彼の心の中で苦しく絞り出されているように感じられた。

シニカル（cynical：冷笑的）な人は、初めは、真剣で熱情的な人をあざ笑うかもしれないが、その人の熱情が一貫性を保ちながら粘り強く続けられれば、やがて好奇心を持ち始め、同調するようになる。

生まれた時からシニカルな人はいないのだ。シニカルというのは後天的なことであり、そもそも、その人がシニカルな態度になったのは、失敗して受けた心の傷のせいなのだ。シニカルな人を扇動しようと思うなら、彼らの傷を癒してプライドと自信を回復させることを優先しなければならない。

ヒトラーが、当時の無気力で冷笑的になっていたドイツ国民から熱情を引き出すことができたのは、第一次大戦の敗北による屈辱的な現状を批判し、人々が内心不満に思っていたことを先頭になって攻撃し、ドイツ人の優秀性を強調して傷ついた人々の自尊心を回復させたからだ。

彼は権力を持つまで、数え切れないほど多くの演説をしたが、その論旨はいつも同じだった。

「ドイツは国際社会で不当に扱われている。しかしドイツ国民は世の中で一番優れた民族だ。私たちはドイツ民族共同体を中心にして、もう一度飛躍し、世界に私たちの力を知らしめなければならない」

このような論旨は、最悪の景気で生活が苦しくなっていた国民感情にぴったりと合致して、力強い説得力を持つようになった。このような方法でヒトラーは、気力を失っていたドイツ国民を驚くほど簡単に扇動することができたのだ。

他人に論理を伝える一番効果的な方法は、緻密に論理を展開するのではなく、逆説的に激しい感情を噴出させて一気に伝えることだ。ヒトラーの方式は、ずばりそんな方法だった。

ヒトラーは演壇に上がると自分の全エネルギーを消耗しつくして人々を扇動し、演説が終わると汗びっしょり濡れたまま、完全に気力が尽きたように演壇から降りてきた。彼は演説する時にはいつも青い洋服を着ていたが、演説が終わると、下着が全部青く染まってしまうほどだった。

ヒトラーの演説を聞いた人たちは、ヒトラーが自分の力ではない何か超人的な力に導かれて演説する預言者のような印象を受けたと述べている。人々は彼から超自然的なエネルギーが噴出されているように感じた。祖国の失敗に対して批判をする時には、彼の目は怒りで燃え上がり、声は激昂してひび割れた。

まるで悪魔に取り憑かれた人間が普段は想像もできない行動を平気でするように、ヒトラーも、普段とは完全に異なる姿で祖国の失敗を批判し、ドイツ人の優秀性を強調して群衆を励ましたのだ。

このように扇動されたドイツ国民はヒトラーの忠実な傀儡となっていった。

ヒトラーの演説会は、忠誠を誓って集まった人々でいつも賑わっていた。演説が終わる頃には、そのような追従者たちが熱狂的にスローガンを叫んで夜通し軍歌を歌い続けた。

Tip シニカルな人を動かす方法

多くの人は、シニカルな人を説得して動かすのは難しいと考えている。どんな希望的な話をしても彼らは信じないし、組織内での自分の務めも仕方なくやっているように見える。

彼らが時々言い捨てる言葉の中には、現実をあきらめたり、批判したり、呪ったりする態度が見られる。その上、彼らは非常に利口で現実的だから、希望的なことを言う楽観論者を小馬鹿にする天才的な才能があるようにも見える。

最初からシニカルな子供はいない。それは冷笑的な性格が後天的なものだということを表している。彼らが当初持っていた希望や目標が挫折したり失敗したりして、だんだんとシニカルな性格に変わってきたのだ。

「何をしても無駄」という態度は、そのまま冷笑、つまりシニシズム（cynicism）なのだ。冷笑的な人はどんな仕事にも一生懸命努力するという姿勢を見せない。意欲的な人から見れば、彼らは非常に小生意気で癪に障る。

しかし彼らを憎む必要はない。彼らは過去の失敗や挫折に傷ついた人たちなのだ。彼らを動かすには彼らの傷が何なのかを正確に把握して、その傷を庇い、傷の原因に対する怒りを蘇らせてやればいいのだ。

彼らも実は希望に飢えている。どこにも希望を見つけられなくて諦めてしまっているだけだ。冷笑的な人は、想像しているより動かしやすいのである。

19　芸術をエネルギーの源泉にしろ

ヒトラーのように激しい感情を引き出すためには、感性が発達していなければならない。形式的で無味乾燥な演説をする大方の政治家を見れば分かる。感情が枯れている人間に良い印象を受ける人はいない。たとえどんなに説得力のある論理で訴えても、大衆はまったく同調しないだろう。

エネルギーを感じられる、激しい感情を込めた熱情的な演説だけが大衆を扇動できるのだ。大衆の感情は、演説者の感情の一歩後ろに付いて来るのだ。大衆の熱情的な反応を引き起こすには、演説者が熱情的なエネルギーを発散することが必須なのである。

冷たい大気と熱い大気の間で激しい暴風が起きるように、熱情的エネルギーは、怒りと愛情と言うまったく逆の二つの感情が接するところに爆発的に起きる。ヒトラーはドイツ民族に対する愛情と、彼らの「敵（ユダヤ人など）」に対する怒りをエネルギーの源泉にした。

本書の7節（38頁）で紹介した「ナチスの宣伝原則」の1は「大衆を興奮させること。

彼らを冷静なまま置いておかないこと」であった。
演説者は熱情的なエネルギーで聴衆の心を熱くしなければならない。そのためには演説者自身の感情が豊かで、日頃から芸術的感受性を発達させておく必要があった。

自ら設計図に向かうヒトラー（©Bundesarchiv, Bild 146-1971-016-31）

ヒトラーは、雄大で、荘厳で、偉大なものに対する感受性が特に発達していた。彼がワーグナーやオペラを好んだこと、そして建築に興味を持っていたことなどは、彼の豊かな感情がどこから生まれたのかを知る手掛かりとなる。
特に彼は、画家志望の若者だった頃、特に建築物に強い関心があった。彼の絵の対象には、建築物は登場するのだが、人物を目にすることはほとんどない。次は『わが闘争』の一節である。

私は年をとるにしたがってますます建築に興味が湧いて来た。当時私は、このような興味は、画家としての才能の一つだと思って、芸術家としての器がこんなに大きくなっていることを内心喜んでいた。

彼はドイツ帝国の都市を自分がデザインするという遠大な計画を持っていた。若い頃ニートだった彼は、昔のバロック様式の建築物の前に立ち、魅了されて何時間も夢中で眺めていたりした。当時彼は、誰も注目しない青年失業者に過ぎなかったが、頭の中では祖国の未来に関して数多くの構想を抱いていた。

彼は若い頃、常に美術道具を持って出かけ、絵に専念した。たまに気に入った建築物のアイディアが頭に浮ぶと、何かに取り憑かれたように、食事をしながらも建物や柱やアーチ型の門などをスケッチした。そして自分が構想する壮大な建造物を想像して一人で感動した。

彼は、反骨精神と芸術的感受性をいっしょに持った青年だった。彼のこのような特徴が、感情とエネルギーが溢れる大衆扇動の技術的な基礎となったのだ。

Tip 好きな芸術からカリスマを作れ

彼は――他の多くの君主と同じように――自分は芸術の支援者だと考えていた。彼は、音楽が自分の青春を解放させてくれたと信じていた。

ヒトラーが、ドイツの作曲家ワーグナーの音楽が好きだったことは有名である。彼は、音楽、美術、建築、映画、公演芸術など、さまざまな芸術に多くの関心を持っていたが、そのすべての中心には音楽があった。

彼が最も好きだった美術作品はワーグナーの音楽に合う雰囲気の作品だった。彼はルーベンス（Peter Paul Rubens、1577～1640、バロック期の代表的画家）の派手なスタイルが好きだったし、ルーベンスの画風を模倣したハンス・マカルト（Hans Makart、1840～1884）という画家の絵も好きだった。また、彼が好きだったオペラもやはりワーグナーの作品だった。

ヒトラーの一番親しい（そして唯一の）友人だったクビチェクは、いっしょにワーグナーのオペラを観覧したあと、ヒトラーがいかに熱狂的な反応を見せたかを語っている。ヒトラーは、たちまち、その作品の荘厳で劇的な音楽性に圧倒され、その後は毎晩オペラハウスに出入りするようになった。彼はワーグナーの音楽にはまった後、その音楽の熱情と溢れるエネルギーを自己暗示と自身のマインドコントロールに使ったのだ。

このような彼の趣向は、後の大衆集会の演出にも十分表れている。荘厳な、オペラと宗教儀式が混合したようなユニークな演出は、政治集会の新しい境地を開拓したと言っても過言ではない。そして、そのような演出では、照明から小道具の使用、群衆の配置に至るまで、あらゆる要素が緻密に計画されていたのだ。

20 ヒトラーの大衆扇動術の理論的背景

ドイツの作曲家ワーグナー（Wilhelm Richard Wagner、1813～1883）はヒトラーに多大な影響を与えた理論家としても有名だ。ワーグナーは一般的には優れた作曲家としてしか知られていないが、音楽理論や総合芸術についての論文を数多く執筆した理論家でもあった。ヒトラーの大衆集会は、ワーグナーの芸術理論に基づく部分が非常に多い。

ワーグナーによれば、芸術と言うものは、次のような条件を満たさなければならないものであった。

《ワーグナーの芸術論》

1．芸術というものは一部の階級の専有物ではなく、社会のすべての階級を含む国民全体のものにならなければならない。

2．芸術はどんな特殊な時代にも捉われてはいけない。人間本来の本質的なことを象徴的に表すことができるものでなければならない（ワーグナーは神話をその例として挙げた）。

3．芸術というものは人間的なものを表現する手段だ。芸術は人間全体を表現しなければならない。ところで美術、詩、音楽などの個々の芸術が別々なままでは全体的な人間を表現することはできない。これら芸術はすべてが一体となって総合芸術にならなければならない。

ヒトラーの群衆集会は政治に関心がある一部の階級だけのためではなく、すべてのドイツ国民のためだった。これはワーグナーの芸術論の1と符合する。

また、ヒトラーは当時のドイツが直面していた憂鬱な現状を扇動に利用したが、その解決策として特殊な政策を提示したわけではなく、すべての国民が共感できる一般論的な方向のみを提示した。権力を持つ前に具体的な政策を提示すれば、必ずそれを批判する人々が現れて国民を分裂させる恐れがあるからだ。

これは、芸術はいかなる特殊な時代にも捉われてはいけないし、人間の本性に訴えなければならないというワーグナーの2の原則とも符合する。

さらに、ヒトラーは大衆扇動と集会の儀式に多様な芸術的効果を使った。赤、白、黒の色の強烈なコントラストでデザインされたナチスのシンボル、巨大な旗を活用した造形的・視覚的効果、派手な照明、荘厳な軍隊の行進、「ハイル！」と一斉に叫んで繰り返される喚声、宗教的な崇高ささえ感じられるナチス式敬礼など、どれも総合芸術を理解している者だけが構想できる精巧な儀式要素だった。

これは、個々の芸術が別々のままでは人々に充分な感動を与えることはできないというワーグナーの３の原則と符合する。

ヒトラーの大衆扇動術の根底には、まさしくこのような芸術理論と緻密な企画がベースとして存在していた。このように注意深く計算されたテクニックを総動員して、ヒトラーは全国民を自分の熱烈なファンにしていったのである。

21
利口な人たちの理性より愚かな人たちの感性に訴えろ

幸せな人を誘惑するのは難しい。しかし、不幸な人や傷ついた人を誘惑するのは簡単だ。そして、当時のドイツ国民がそうだったのだ。ヒトラーが多くのドイツ国民から賛同を得ることができたのは、若い頃から社会の落後者だった彼の不満を、熱情的な演説を通して、群衆と共有することができたからだ。

ヒトラーは、自分の挫折をドイツ国民の挫折に感情移入することに成功した。国民の不満がどこにあるかを正確に熟知していたからこそ、彼らの心に影響を与えることができたのだ。

次のように、ヒトラーは言っている。

「大衆が日々のパンに飢えているように、政治的な理想にも飢えている。そういう『精神的な飢え』を満足させない運動は、大衆から全幅の信頼を得ることができないので、結局は失敗してしまう」

ヒトラーは、国民が感じている挫折を彼自身の理想で満たして、民衆の心を満足させることができたのである。彼はこうも言っている。

「脳にはたくさんの空間があるが、我々のスローガンでその場所を一杯にすれば、後から他のものが入って来ることはできない。なぜなら、脳の中の空間は、もうこちらのスローガンでいっぱいだからだ」

ヒトラーのファンであった平凡なドイツ国民の一人、クオト・ルィデケという商人は、ヒトラーの演説を見た時に感じた熱情的な興奮状態を次のように表現した。

これは多分、一般的なドイツ人全員の感情だったのだろう。

一瞬、私の批判能力は完全に止まった。その感情をどんな風に描けばいいのか分からない。彼がドイツの恥について話した時、私はどんな敵に向かっても飛びかかる用意ができていた。彼がドイツの男たちの勇気に訴えた時、それはまるで武器を持ちなさいという叫びのように聞こえた。彼の説教はまるで神の啓示のようだった。

私は、他のすべてのものを忘れたまま演説だけに集中していた。周りを見回すと、彼の催眠術はもう数千人の人々を捉えており、大勢の群衆がまるで、たったひとりであるかのようになっていた。

私は失望感と挫折に疲れ果てていた32歳の男だった。何をすればいいのか分からないまま人生の意味に飢えていた。私は英雄的なことを熱望したが、英雄を持つことができないでいる愛国者だった。その時、この男の強い意志と真剣な説得力が熱情を通して私に溢れ、入り込んで来るようだった。それはまるで宗教的体験のようだった。

演説するヒトラー

ヒトラーのそのような激しい感情は、若い頃の体験から生まれた憎悪によるものだ。彼は偉大な画家になるという遠大な夢を持って、１９０７年、美術アカデミーに入るために受験したが、結局、落ちてしまった。翌年、再度受験したが、試験を受ける資格さえ得ることができなかった。試験前に作品を提出して受験資格を得るシステムだったが、ヒトラーの提出した作品は合格最低ラインにも達しなかったのだ。

彼はこの二度目の失敗以後、ひどい屈辱を感じて、すべての人の目の前からそっと消えてしまった。彼は自分自身に対する失望感も非常に大きかったが、周りの人々に面目ないと感じたようだ。心を開いて交流していた唯一の友、クビチェクとの友情もその時終わってしまった。

このような経験によって、彼は一生、学校と高等教育を憎悪し、軟弱なインテリを軽蔑した。それは彼の著書『わが闘争』でも確認することができる。

学問的教養があまりなくても、肉体的・精神的に健康で決断力と意志力のある人間は、知識は優れているが軟弱な人間より、社会にとってははるかに価値がある。利口な人々によって成り立っている民族がもし肉体的に虚弱で惰弱な平和主義者だとしたら、空を征服するどころかこの地上での生存も確保することができないだろう。運命を決する困難な戦いでは、無学な者が負けることはほとんどない。むしろ教育のせいで軟弱な行動をする者が負けてしまう。腐った肉体は、どんなに立派な精神を吹き込んでもまったく美しくはならない。肉体的、精神的に弱すぎて簡単に揺れてしまう卑怯な人間は、最高の教養があっても、決して立派に振舞うことはできないであろう。

彼は高学歴者とインテリ階級を見下すだけでなく、宣伝でも、知的な面が最小化される方が良いと考えた。学問的な側面が弱くなればなるほど、逆に感情的な面が強くなればなるほど、宣伝の効果は大きくなる。少数の知識人や学者を満足させる宣伝が良い宣伝ではないし、そんな宣伝で大衆を動かすことはできない。

彼の演説が大衆を感動させたのは、何よりも演説に感情とパワーがいっぱい詰まっていて、それが聴衆の心を動かしたからである。

22 説得力のエネルギーを最大化せよ

人の心には厚くて硬い壁がある。その壁をあなたのメッセージが通過するには、あなたのメッセージに一種のエネルギーを加えてやらなければならない。これを「説得力のエネルギー」と呼ぶことにする。説得力のエネルギーには、次のような特徴がある。

《説得力のエネルギーの特徴》

1. メッセージが単純であればあるほど、説得力のエネルギーは強くなる。
2. 理性から遠ざかれば遠ざかるほど、感情的になればなるほど、説得力のエネルギーは強くなる。
3. 相手のあなたへの好感度が高ければ高いほど、説得力のエネルギーは強くなる。
4. 相手の人生に不安や不満が多ければ多いほど、心の壁は薄くなる。

あなたが他人を動かしたいと思った時、思った通りに行かなかったのではないだろうか？　では、右の項目を一つずつ確認することにしよう。

1は最も重要な法則だ。

あなたがいくら立派な演説者だとしても、演説で複雑なメッセージを送ったのでは、大衆は何も理解できない。その理由は明確だ。どんなにいい話でも、難解な理論を使って説明したのでは、相手は「分かった。分かった。お前の頭がいいのは充分分かったから早く消えてしまえ」と思うだろう。

メッセージが単純であるということは、他の何よりも重要で基本的なことである。政治、宗教、経済など、人間社会のどんな組織でも、単純化されたメッセージ、つまりスローガンが使われる。

企業は、その企業のアイデンティティとビジョンに最も相応しい表現を研究して、それを一つの文章に要約してスローガンを作る。それが消費者の脳内で一定の部分を占めることがそのスローガンの目標だ。メッセージは単純なら単純なほど強力になる。

例えば、ナイキ（NIKE）社のスローガンは、「Just do it」であり、アップル（APPLE）社は、「Think different」である。

日本企業なら、ロッテの「お口の恋人」や、トヨタの「Drive your dreams」が有名だ。どれも非常に短いが、企業の特徴をよく表している。

アメリカ大統領ドナルド・トランプ（Donald John Trump、1946〜）の選挙スローガンは、「Make America Great Again」だった。これは1980年の大統領選挙の際にロナルド・レーガンが使用していたものでもある。シンプル過ぎるだろうか？

しかし、アメリカ人なら誰でもこのメッセージの意味することをよく知っている。短いこの言葉の中には、現職大統領だったオバマに対する不信感や、世界のためにアメリカが犠牲になっていることへの悲嘆など、アメリカ人のさまざまな不満が詰まっている。

我々は、特別意識することなく毎日を過ごしているが、よく考えてみれば、ありとあらゆる場所でスローガンに出会い、スローガンを記憶して、スローガンの意図したとおりに消費生活を送っている。現代人はスローガンに支配されていると言っても不思議ではない。

また、宗教でも布教のためには単純なメッセージを必要とする。宗教のメッセージもシンプルであればあるほど、布教は成功する。キリスト教には経典としての「聖書」があるが、そんなぶ厚い本を全部読んだ人は、信者でもほとんどいない。しかしほとんどの信者は、その教理を知っている。

「キリストを信じれば、あなたが罪人でも、永遠の生命を得て天国へ行く」

これはとてもシンプルで、強力だ。キリスト教が西洋全体に広がることができたのは、このようなシンプルなメッセージのおかげだ。

日本の仏教には、もっとシンプルなスローガンを開発して成功した高僧がいる。ひたすら「南無阿弥陀仏」だけを唱え続ければ、悪人でも極楽往生できると説いた親鸞《しんらん》だ。

シンプルで強力なメッセージができたら、それを伝える方法が重要だ。

「相手の理性ではなく、感情にアピールしろ！」、これが2の法則である。

ヒトラーが、なぜ、気だるい夕方を演説時間として愛用したのか思い出してほしい。ヒトラーが、なぜ、あれほど演出を重視してオペラやサーカスなどの要素を政治集会に取り入れたのかを思い出してほしい。なぜ、彼があれほど大規模な集会――音声を聞き分けるのが難しいという短所にもかかわらず――が好きだったのか思い出してほしい。なぜ、彼は自分の集会を、オペラのように総合芸術に作り上げようとしたのか思い出してほしい。

その理由はすべて、雰囲気を高揚させるためだったのだ。

つまり、今までその重要性を強調してきた「演出」というものは、メッセージを感性的に伝えるための手段だったのだ。

３の法則は、「相手のあなたへの好感度が高ければ高いほど、説得力のエネルギーは強くなる」である。どんなに正しくて良い話でも、朝礼で長々と話す校長の挨拶のようでは、誰もその話に耳を貸したりはしない。学生たちは「何でこんな退屈な話を聴かなきゃいけないの？」「校長先生は俺たちの本当の悩みが分かってるのか？」などと考えているかもしれない。

同じメッセージでも校長が話すより、学生に人気があるロック・ミュージシャンが話す方がずっと効果的だ。その理由はただ、話す人の好感度によるのだ。

４の法則は、エネルギーの強さではなく、心の壁に対するものだ。

「相手の人生に不安や不満が多ければ多いほど、心の壁は薄くなる」

これは非常に重要な法則である。いくら強いエネルギーで攻め立てても、心の壁が堅固なら、あなたのメッセージが心の中にまで浸透するのは困難だ。

漫画『ドラゴンボール』を見ると、初めのうちは比較的弱い敵が登場するが、ストーリーが進めば進むほど相手はだんだん強くなって、フリーザという敵が登場する頃になると、それまでとは比べ物にならないほど敵が強いので、ひとつの惑星を滅亡させるほどのエネルギーで攻撃しても彼は死ぬことはない。

完璧に幸せで、不満もまったくない、生活に不安な要素が存在しないという人の心は、このフリーザと同じなのだと考えればいい。あなたがどんなに強いエネルギーで説得したとしても、そんな相手はめったなことで心を動かすことはない。あなたはフリーザと戦っているのだ。

初めから弱い人を対象にした方が、簡単に誘惑することもできるし、より多くの人を扇動することができる。最も重要なことは、相手の不満が何なのかを的確に把握し、この部分を、あたかも手術用のレーザーメスのように正確に攻略することである。

不満の高まっていたドイツ国民が、いかに簡単にヒトラーに扇動されたかを思い出してほしい。

虐げられていたフランスの民衆がいかに簡単に扇動されて貴族階級を倒し、残酷に処刑したのか、搾取されていた労働者がいかに簡単に扇動されて資本家の財産を没収し殺したのか、そして、6節のTip（36頁）で紹介したエピソードの不幸な女が、いかに簡単に誘惑されたのかを思い出してほしい。

23　ヒトラーにも温かい一面があった？

歴史上、最も悪名高い人物を選ぶとすれば、断然ヒトラーであろう。特に西欧圏では、ヒトラーとナチスについては完全にタブーである。

漫画『無限の住人』（講談社刊、剣客漫画）の英訳版を見ると、主人公が着ている着物の背に描かれている卍字《まんじ》について、わざわざ「このシンボルはナチスとは関係ありません。このシンボルは、昔から東洋で……」という注釈が中表紙に書かれている。『無限の住人』は大人向けなので注釈を付けるだけで出版されたが、「ポケットモンスター」のポケモンカードに描かれている卍のシンボルは、輸出版では最初から完全に削除されているという。ヒトラーとナチスを連想させるものは、子供の周りに近づけることも禁止すべきだと考えられているのだ。

ヒトラーは、確かにその悪名にふさわしい蛮行を行ったのだが、いろいろな歴史記録を調べて行くと意外な事実を発見することができる。

ヒトラーは単に怒りと憎しみだけに捉われている人間ではなかった。彼は案外、温かい感受性と肯定的な面を持っていた人物なのだ。それはヒトラーと長い間共に仕事をした側近や秘書たちによって、共通に証言されている。次はヒトラーに関するエピソードの一つだ。

ヒトラーが自分で車を運転して、とある村に立ち寄った時のことだ。彼は車に乗ったまま、村に住む幼い少女と話をすることがあった。その時ヒトラーは自分で車を運転していたのだが、その少女は彼がヒトラーだということが分からなかった。話をしているうちに、偶然その日が少女の誕生日だということを知ったヒトラーは、少女を車に乗せて、他の村に連れて行って、ケーキやアメやおもちゃなどをいっぱい買って家に帰らせた。

（Michael Fry 著『Hitler's Wonderland』、１９３４年）

筆者はこのエピソードを発見した時、もしかするとこれはナチスが宣伝用に作り上げたヒトラーを美化する物語かもしれないと思った。しかし、他の文献からも、彼の親切についての記録はたくさん発見される。ヒトラーは秘書に、直に誕生日プレゼントを渡したし、側近たちといっしょに食事をする時は、全員に食事が出てくるまで絶対に自分の食事に手をつけないほど思慮深かった（あなたの上司はどうだろうか？）。

一つ明確なことは、彼は側近に対して、このような親切な行動を数え切れないほどしたという事実である。そして、そのようなヒトラーの親切に接した人たちは、ヒトラーを心から愛し、父親のように信じて従ったということだ。

ヒトラーに関して深く知れば知るほど、彼の矛盾する面に出くわして思い惑う。

彼は食べるために動物を殺すという行為を残虐だと考え、動物保護に多くの関心を示した。ヒトラーが実権を握った後、真っ先に通した三つの法案はどれも、動物保護に関するものだった。

1936年、彼は「カニやロブスターなど甲殻類を調理する時は、熱湯に入れて早く殺すべきで、必ず一匹ずつ殺さなければならない」という法案を通した。検討を重ねた結果、それが甲殻類を殺す最も人道的な方法だと決定されたためだ。それだけでなく、彼は枯れた花を捨てるのが非常に心苦しく思ったので、花で室内を飾ることを禁止することまでした。

ヒトラーは残酷であったが人間的な一面もあった。また、破壊的ながらも建設的だった。

矛盾するかもしれないが、ヒトラーは、確かに明るい一面を持っていた人物だった。当初彼を成功に導いたのは、そういう明るい側面であり、破壊的な側面ではなかったことを理解しなければならない（反面、彼の暗い側面は、後に没落する直接的な原因となったのだが……）。

リーダーの成功は、従う人がどれほど彼に忠実なのかということにかかっている。部下が心底、忠誠をつくすということは、冷血漢のような指導者には不可能なことである。

Tip　良い人の振りをしろ

ここで言いたいのは、ヒトラーが良い人だったということではない。

要は、大きな悪業をする人間は完全に邪悪な人間ではなく、どちらかと言えば私たちに似た人間だということだ。なぜなら、１００％邪悪だと思われる人物は、最初から大勢の人の心を捉えることなどできないからだ。

99％が悪くて１％だけが良い人物と、99％が良くて１％が悪い人物のどちらがより邪悪なリーダーになれるかを考えてみよう。

99%が悪い人物は部下から尊敬を受けることはないし、途中で同志と諍《いさか》いを起こしたり裏切ったりしかねない。むしろ、99%が良くて1%だけが邪悪な人物こそ、部下から尊敬され、同志と力を合わせて、権力を手に入れるまで頑張ることができるのだ。

つまり、最も邪悪な事業を成し遂げられるのは、小さな悪事ばかり働いている人物より、良い面がたくさんある人物なのである。

リーダーとして成功するには、目標が良いか悪いかに関係なく、人間としての良い特質を持っていなければならない。大衆に対する仁義、仲間に対する信頼、部下に対する愛情、それらが揃っていなければ、良いことも悪いことも成し遂げることはできない。

人類史上最悪の悪魔、ヒトラーでさえ、周りの人々には善良なリーダーと思われていたのだ。

24
孤独をエネルギーの源にせよ

　ヒトラーは昔から一人ぼっちであった。彼の空想癖はこういう孤独な気質から生まれたのだ。そのような性格により、彼はしばしば寂しさを感じていた。

　彼はいつも人から距離を置いていたが、自分の寂しさを紛らわすために、常に周辺に人が必要だった。秘書、ボディーガード、運転手、メイドなどが彼の話し相手であった。彼はカメラマンであったハインリッヒ・ホフマン（Heinrich Hoffmann）のような芸術家とも親しくした。

　ヒトラーの近くで働いた人たちは、彼が周りの人間にはとても丁寧で優しく接してくれたと証言している。彼のそばにいた人たちは、あんなに優しい指導者の治下で、残酷なホロコーストが行われていたという事実をまったく信じられないほどだった。

　大勢の聴衆の前での演説は、彼の寂しさを癒やす心理療法の役割も果たした。ちょうどマリリン・モンローが、普段の生活は寂しくて苦しんでいたのに、カメラの前に立つと多くの観客に自分を見せることができるので孤独感を癒やすことができた、という話に似ている。ヒトラーは、大衆の前で演説して、彼らの熱情的な反応に接することで自分の孤独感を忘れることができたのだ。

彼は間違いなく悪魔のような人間であったが、孤独な悪魔でもあった。そして後には、この孤独感が彼のリーダーシップに負の影響を与え、結局破滅に至らせてしまったのだ。

彼はいつも孤独だったので、部下には能力よりも忠誠心を重視した。品行が悪い部下でも、自分に忠誠をつくすと思われる人物には、驚くほど寛容であった。

例えば、ヒトラーの警護隊長のブルーノ・ゲシェ（Bruno Gesche）はアルコール中毒だったが、酒に酔ったあげく味方の将校に銃を向けて脅迫するという、深刻な事件を起こしたことがあった。彼は、事故後、一時的に警護隊長の地位から降格になったが、長い間忠実に働いた部下だという理由で、すぐにまた警護隊長に復帰した。

空軍総司令官のヘルマン・ゲーリングも同様に統率能力のない人物だったが、それにもかかわらずヒトラーは、彼の能力よりも忠誠心を高く評価した。

このように、重要なポストに不適格な人物を登用した結果、ヒトラーは最終的に指導者として失敗することになったのだ。

これらの事例は、孤独感に苦しむリーダーが公私のけじめをつけることを忘れたら、どんな結果を招くかということを示唆している。

優れた能力を持つ人間が、周囲の人に認められるには、多くの時間と努力が必要だ。どんなに才能のある人でも、成功するには想像以上に時間がかかることが多い。そして、成功までの道は、孤独で寂しいはずだ。だから優秀な人は、長い間努力して周囲に才能を認められ、認められることで自らの孤独を紛らそうとする欲求を持っている。

そのような欲求を、努力を続けるための原動力にするべきである。ただし、寂しさが自分を破滅に導かないよう、注意することが必要だ。リーダーの孤独感は、公私を区分する能力を麻痺させてしまうからである。

企業においても、創業当初のメンバーという理由だけで品行が悪い人や能力に問題のある人を幹部として登用していることがよく見受けられる。しかし、そんなことが企業を徐々に衰退させていく原因なのだ。「創業時のメンバーだから」「友達だから」という理由で、問題のある人物や職務に相応しくない人物を重用していれば、結局その企業は破綻してしまう。

優れたリーダーシップとは、その根底に、しっかりとした原則がなければならない。

寵愛する部下が軍規を破った時、泣きながら部下の処刑を命じた諸葛孔明の「泣いて馬《ば》謖《しょく》を斬る」という諺《ことわざ》を、しっかりと心に刻んでおく必要がある。

25 英雄ファンタジーを作れ

指導者が苦難の道を歩みながらも信念を曲げなかった時にこそ、その信念はより大きな影響力を行使することができる。人生のほとんどを監獄で過ごしたにもかかわらず、自分の主張を曲げなかった南アフリカ共和国のネルソン・マンデラ大統領や、さまざまな激しい弾圧を受けながらも最後まで自分の主張を守ったガンディーを見れば、そのことを実感できる。

マンデラやガンディーと比較できるほどではないが（そして彼らのように善良な政治家ではなかったが）、ヒトラーもまた、政治的にそういう困難を経験した。彼が最も大きな試練に直面したのは、政治活動初期にあたる１９２３年11月の「ビアホール一揆」（あるいは「ミュンヘン一揆」）と呼ばれるクーデターを起こした時である。

当時、無能なドイツ中央政府に対する不満は国中に充満しており、バイエルン地方政府がベルリンまで進撃して中央政権を手に入れ、より強力な政府でドイツを再建しなければならないという主張が広まっていた。その頃のドイツ労働者党（ナチ党）は、勢力はかなり大きくなっていたのだが、まだ政治に関心のある過激な男たちのビールを飲む集会ぐらいにしか思われていなかった。

その時ヒトラーは突撃隊を動員して、バイエルン政府の主要な人物を捕らえて監禁し、政府施設を占拠しようと試みた。彼の目標はバイエルン地方政府がベルリンまで進撃して中央政権を占有し、ナチスがその過程で重要な役割を担うということだった。しかし一揆は鎮圧され、１９２３年11月、ヒトラーは逮捕されてしまった。

法廷で、彼は毅然とした態度で自分の疑惑を全て認め、むしろ自分自身の意志を明確に表明したのだ。その後、彼は「ドイツの再建のための強力な政府」を主張した人物として大衆から高い人気を得ることになった。このような人気に力づけられて、彼は国家クーデターという重罪を犯したにもかかわらず、わずか5年の刑で済み、それさえも減刑されて、たった9ヶ月で釈放されることになった。

ヒトラーはこの事件をきっかけに、多くの人に英雄のようなイメージで知られるようになった。彼は監獄の中で『わが闘争』を執筆し、彼とナチスの存在をドイツ国民に知らしめた。革命は失敗したが、大衆の心を掴むことには成功したのである。

民衆はたびたび強者の側でなく弱者の側に立つ。「判官贔屓」というやつだ。ダビデ（David）と巨人ゴリアテ（Goliath）が戦う時には、たとえ、どちらが良い方なのか分からなくてもダビデを応援してしまうのが、ほとんどの人に共通する心理だ。その上、弱者がその主張に充分根拠を備えていて、どんな弾圧にも屈しなければ、その人物は大変な人気を博すに違いない。勇ましい弱者は大衆の目には正義と映るからだ。

２００５年韓国で開催されたK－１大会（K-1 World GP 2005）で、身長２１８㎝、体重１５７kgの巨人チェ・ホンマン選手と身長１８０㎝、体重78kgのムエタイの高段者ガオグライ・ゲーンノラシン（Kaoklai Kaennorsing）選手が戦ったことがある。前年度のチャンピオンだったガオグライは自分より体重が2倍あるチェ・ホンマンを相手に、ハイキックまでして勇敢に戦ったが、体格の差を克服できなくて結局負けてしまった。

筆者は、民族主義が強い韓国での試合だから、韓国人は当然同じ韓国人であるチェ・ホンマンを応援するだろうと予想していたが、実はその逆だった。ガオグライの体格も一般人に比べて小さくはないが、チェ・ホンマンと戦う姿はまるで大人と戦う幼稚園児のようだった。

誰が見ても巨人の方が勝つのが当たり前だが、小さい勇者が、勇ましく戦っている姿を見れば、どんな人でも小さい方を応援してしまう。判官贔屓は人間のかなり普遍的な心理だということが分かる。

その試合の勝者はチェ・ホンマンだったが、巨人を相手に健闘したガオグライは韓国で大変人気が出て、テレビの人気番組に招待されたりした。ガオグライ選手は彼の祖国タイではあまり人気がないと言われているが、韓国では母国よりはるかに高い人気を集めるようになった。

自分と利害関係がなければ、他人同士の戦いで弱者を応援するのは人間の本性だ。だから、普通の少年が巨大な帝国と勇敢に戦って成長していく「英雄ファンタジー」が、民族や人種を超えて人気を集めるのである。

17歳の少女でありながら自分の国に侵略してきた大軍勢を相手に勇ましく戦ったジャンヌ・ダルクとか、南米の民衆のために帝国主義に対して闘争したチェ・ゲバラ（Che Guevara、1928～1967）のような人物に大衆の心は引き付けられる。彼らが巨大な相手の手で悲惨な最期を迎えたとしても、その勇気に感銘を受けた大衆は彼らを英雄に仕立て上げる。英雄的な行為に熱狂するのは誰にも共通の本能なのだ。たとえその英雄の戦いが失敗したとしても。

ヒトラーがドイツ国民の心を得ることができた決定的なきっかけは、彼のクーデターが失敗したあと、「犠牲になった英雄」として知られたことだ。同じ事実でも、ただ「失敗した」と評価されるのと「みんなのために犠牲になった」と評価されるのは完全に違う。

普通の人間が闘争に負けた時は、見苦しく嘲笑されるだけかもしれないが、英雄が闘争に負けた場合は、神聖な戦いの犠牲者となるのだ。

「ビアホール一揆」、つまりヒトラーの革命の失敗もそう見えたのだろうか。普通の人間が力ずくで権力を奪うことに失敗した場合、単に見苦しい失敗だが、彼の場合は、極刑となる危険を冒してドイツのために戦いを挑んだ聖なる革命家と見えたのだろうか。英雄を切望していた当時のドイツ国民には、ある程度はそうだったのかもしれない。

国家に対するクーデターはとても重大な犯罪だ。それに対する刑も重いのが当然で、終身刑か死刑になっていてもおかしくはない。しかし、ヒトラーはそんな不利な状況を多数のドイツ国民の支持を得て逆転した。ヒトラーは、英雄を待ち望んでいたドイツ国民の力で生き返ったのである。

ヒトラーについてよく知らない人は、ヒトラーのパワーが暴力などのハード・パワーに基づいていたと思いがちだが、それは大間違いだ。ヒトラーのパワーはソフト・パワーに基づいていた。もちろん初期の「ビアホール一揆」を起こしたひ弱な時代には力ずくで権力を奪おうとしたが、それが失敗したあと、彼は戦略を変えた。

新しい戦略は、自分の理想とナチスのビジョンを一冊の本に総括して、自分をドイツの英雄のように美化し、多くの国民に存在を知らせることであった。彼の著作『わが闘争』は、実はヒトラー以外のスタッフがヒトラーのオリジナル原稿に手を加えて、彼を美化する大げさな嘘などをたくさん追加して出版された本である。その結果、『わが闘争』は彼らが当初考えたよりずっと厚い本になったが、彼らの「ソフト戦略」は予想以上に成功し、ドイツ国民のヒトラーへのイメージは、ドイツを再建できる唯一の救世主のようになっていった。

彼は、自分が弱者の立場に立っていることを十分活かして、自分のイメージをクーデターを起こした犯罪者からドイツ国民のために戦う英雄に変えたのだ。

試練を受ける状況はむしろチャンスなのである。どんな困難が訪れても自分の信念を曲げてはいけない。むしろその試練を利用して、より多くのファンと社会的影響力を持つためのきっかけにしなければならないのだ。

Tip 大衆の欲求に内在するビジョンを提示せよ

どんな状況でも信念を曲げないためには勇気が必要だ。そのようなことができるには、信念が体系的な論理に基づいていなければならない。そして、その信念が多くの人に支持を得られるものでなければならない。多数に支持を受ける信念こそ、より強くなって、どんな弾圧にも耐えられるようになるのだ。

ヒトラーは、9ヶ月にわたる刑務所生活の間に『わが闘争』を執筆して、自身の主張と思想を体系化した。彼はそこに、ゲルマン民族の大帝国を建設するという大げさな構想を提示した。

ヒトラーは元々この本に「嘘と臆病、愚かさに対する4年半（Viereinhalb Jahre gegen Lüge, Dummheit und Feigheit）」という冗長なタイトルを付けたのだが、党の出版担当者であったアマン（Max Amann）が執拗に説得して結局『わが闘争』に変えたのだった。

アマンは、その本があまり売れないだろうと予想して、本の価格を一般的な本の2倍の価格、12マルクに設定した。しかしこの本は、ヒトラーや側近たちの予想に反して飛ぶように売れ、全ドイツで大ヒットしてベストセラーになった。

ヒトラーが提示したビジョンがドイツ国民に受け入れられたのは、彼の提示したビジョンがドイツ国民の心の中にあらかじめ望みとして存在していたからだ。ヒトラーは、祖国の現状に対する怒りを国民に植えつけ、共産主義者やユダヤ人、そしてドイツに屈辱を与えた近隣諸国に対する敵愾心《てきがいしん》など、国民がすでに持っていた不満を刺激したのだ。

彼がわずか10年余りでドイツの最高権力者になれた秘訣は、国民が何を望んでいるかをよく観察して詳細に把握していたからである。

指導者がまったく新しいビジョンを創造するのではない。指導者は、大衆が切実に望んでいることが何なのかを把握し、それを具体化して自分のビジョンに再構成してから大衆に提示するのだ。需要を無視した供給は無視されるはずだ。民衆の欲求の中にあらかじめ潜在しているビジョンこそ、絶対多数の大衆から支持を受ける要なのだ。

26　実践の前に大口を叩け

ヒトラーのビジョンはもちろん当時のドイツ国民の要求に迎合したものであるが、無限の想像力と空想力がなければ出てこないものでもあった。
人生に失敗した空想家としか見られていなかった彼が、わずか十数年で権力を握ったのとは反対に、永遠に続くように見えた既存勢力は急速に没落していった。ヒトラーは1937年の演説で自信満々にこう叫んだ。

誰が正しかったのでしょう。空想家でしょうか？　それとも他の人たちですか？　結局、私が正しかったのです！

政治家だけではない。成功した企業家も、事業を始める時は遠大な夢を空想する。
ソフトバンクの創業者孫正義《そんまさよし》氏の例を挙げてみよう。彼はアルバイト2人を雇って創業したが、何も揃っていない事務所にりんご箱を置いて、その上に立って「売上高1兆円」のビジョンに熱弁を振ったという。彼が次の日もその次の日も、毎日、自分のビジョンについて熱く語るので、アルバイトの2人は結局辞めてしまった。アルバイト従業員には、彼が重い誇大妄想症の患者か、あるいは詐欺師に思えたのである。

今日の彼は日本トップクラスの長者だが、その時は、ただ単に小さな会社を創業したばかりの若者に過ぎなかった。

このように、後に成功する指導者も、初期には嘲笑されるケースが多い。しかしその遠大な空想が少しずつでも実践に移されると分かれば、徐々にファンが増えて、メディアからも注目されるようになる。その理由は、初めは同じ仕事をしている人でも、未来の大きなビジョンを提示する人の方が、何のビジョンも示さない人よりも期待を集めるからだ。

遠大なビジョンを宣言した人が何か小さな成果でも上げれば、人々はその小さな成果が彼の大きなビジョンの下準備だと考え、その後を期待して注目する。しかし何のビジョンも話さなかった人が成し遂げた小さな成果は、単に小さな成果で終わるだろうと考えられて、無関心のまま忘れられてしまう。

もしあなたの仕事が、誰の協力もサポートの必要もなく、自分の努力だけで成功できる仕事であったなら、誰の関心もいらないだろう。しかし、成功というものは、いかなる分野でも組織的なサポートが必要である。もし、あなたが成功しようと思うなら、成功の可能性がある組織のリーダーになるか、あるいは、その組織といっしょに働くというのが、最も有効な手段である。

したがって、仕事を始める時から多くの人の関心を集め、彼らがあなたのファンになるようにすれば、あなたが組織のリーダーになる確率は上がるはずだ。

Tip 自分の進む方向をあらかじめ皆に知らせなさい

指導者の中には言葉より行動の方が重要だと考える人がいる。指導者になった後ではそうかもしれない。しかし、黙々と働くだけの人が多くのファンを得て、指導者にまで登り詰めることができるだろうか。

指導者とは、たった一人で目的地に到達すれば良いという存在ではない。みんなに自分の進む方向をはっきりと知らせて、いっしょに目的地まで到達しなければならない存在なのだ。だから、先に何をするつもりなのかを宣言して、次にそれを実行に移さなければならない。

このようにすれば、宣言したとおりに進む気配が少しでもあれば、ますます追従者が増えて、あなたの提示したビジョンに向かっていっしょに頑張るようになるのだ。

27　イメージ・トレーニングに努力せよ

　ヒトラーはニートだった頃から、どうしようもない空想家であった。彼はまるで少年のような想像力でドイツの未来を構想した。ナチスのシンボルがデザインされたあと、彼はハーケンクロイツ（Hakenkreuz、カギ十字）のナチス旗がドイツ国内のすべての屋根にはためく姿を想像した（ナチスのシンボルがデザインされたのは1920年。1933年にはドイツ国旗に採用される）。

　彼は道を歩きながら、あるいはコーヒーを飲みながら、戦争を起こしてポーランドやウクライナなど隣国の肥沃な領土を奪う空想をした。隣国の立場からすれば、かなりぞっとする空想である。ただ、多数のユダヤ人を虐殺することも、そんな想像の一部だったのかどうかは分からない。

　彼の存在を全てのドイツ人に知らせた『わが闘争』は、そのようなニートの頃に考えたことを文章にしたのであり、彼の力のある演説も、やはりそのような空想があったから可能だったのだ。その点を考慮すれば、ニート時代に狭くて汚い部屋で空想ばかりしていた経験も、彼が総統にまで登り詰めるためには、少なからず役立ったと思われる。

これは一種の「イメージ・トレーニング」のようなものである。

こういうイメージ・トレーニングをしたのはヒトラーだけでない。エイブラハム・リンカーンは自身が大統領になったらどんな話をしようか、どう行動しようかと常に想像する習慣があったという。イメージ・トレーニングとは文字どおり「想像訓練」だ。こういう訓練は彼が後に本当に大統領になるのに非常に役立ったと思われる。

イメージ・トレーニングは、実際にスポーツ選手も用いている訓練方式だ。バスケットボールの選手を訓練する例をみてみよう。

イメージ・トレーニングをする選手たちは椅子で寛ぎながら、目をつぶって自分が試合でプレーをする姿を想像する。その想像は、視覚、聴覚、触覚、味覚、嗅覚など、できるだけ詳細にすべての感覚を動員するようにする。バスケットコートの軋む音、手に持ったボールの重さと手に感じられる触覚、ボールがコートに弾ける感じなど、できるだけすべてのものを具体的に想像する。体をかがめて、片手でボールをドリブルしていく自分の姿を想像する。ドリブルしながら相手の選手をかわしてゴールの前まで入りこみ、シュートするまでの過程を生々しく想像していく。

このようなイメージ・トレーニングでシュートの練習を繰り返したグループはイメージ・トレーニングなしで練習したグループよりシュートの成功率がずっと高かったという。

ヒトラーのビジョンは、むさくるしい部屋で政治書籍などを読みながらぶらぶらと生活していた時に少しずつ形作られた。彼は自由に読みたいと思う本を読みながら自分の想像を育てていった。当時の彼は、だれが見ても情けないニートに過ぎなかったが、彼は自分だけが自分の時間の主だと考えていた。

若いヒトラーは、昼頃起き出して通りを散歩し、博物館などに出入りして、夕方にはオペラを観に行った。彼はオペラに完全に熱狂して、「トリスタンとイゾルデ（Tristan und Isolde）」は30回以上観た。そういう自分だけの時間は、意図したか偶然かはわからないが、自らをイメージ・トレーニングする効果があったと推測される。

彼の空想は病的と言えるほどだった。彼は深夜まで、あらゆる計画を立てることに熱中した。彼は、国のすべてを新たに建設することを考え、ドイツの住宅問題を解決する方法を構想し、いろいろな劇場や城郭、そして展示会場などのアイディアをスケッチした。

ニート生活をしていた間、彼は自分の部屋に引きこもって数多くの構想に耽った。

彼は、タバコや酒は人間を堕落させると考えてアルコールのない国民飲料を構想したり、タバコの代用物がないかを構想したりした。また、彼は作曲能力もないのに、ワーグナーの未完のオペラ「鍛冶屋のヴィーラント」を完成させようと、ひとりで悪戦苦闘したりした。

このように、彼は若い頃からどうしようもない空想家だった。ある日、知人のひとりがヒトラーに、そんなに熱心に何をしているのかと尋ねると、彼はこう答えた。

私はビエナの住宅問題を解決する研究をしているんだ。

小さな部屋に引きこもっているニートからこんな答えが返ってくれば、その知人がどんなにあきれたかは想像がつくだろう。夢想家ヒトラーは年を取っても変わることはなかった。ただ、若い頃の計画を実践に移す能力を手に入れたのだ。

現実に順応して生きている人は、大衆を扇動できるファンタスティックなビジョンを提示することはできない。

リーダーになりたければ想像力を育てなければならない。自分が成し遂げたいことを、常に空想する。さまざまな計画を描き、それをイメージ・トレーニングで頭の中に具現化するのだ。

28 肯定的な嘘をつけ

あなたは「嘘」についてどう考えているだろうか。幼い頃から、「嘘をついてはいけない」「正直な人になりなさい」というように聞かされて生きてきたのではないだろうか。

しかし、それは正しいと言えるのだろうか。政治家や企業家など、社会を支配する人たちは、ほとんどが嘘に優れている人たちである。必要な時に嘘をつけない人がリーダーとして成功した事例はめったにない。そう考えると、私たちの「正直モラル」は、支配階級が一般人を洗脳しコントロールするための教理であるのかもしれない。

自力で大成功した大金持ちの前歴を分析すれば、彼らが億万長者になったきっかけが、決定的瞬間についた嘘であることが分かる。

たとえば、ビル・ゲイツ（Bill Gates）はＩＢＭとの交渉で、当時は存在さえしなかった「MS-DOS」を開発中だと嘘をついて契約を成功させた。そして別の小さな会社から適当なオペレーティングシステムを購入して名前だけを変えてＩＢＭに販売したのが、ずばり彼を世界一の金持ちに育て上げた「MS-DOS」の実体である。

アメリカで四番目の金持ちであるオラクル（Oracle Corporation）創業者のラリー・エリソン（Lawrence Joseph Ellison）は、まだ開発を始めていないソフトウェアがすでに開発中であるように大口を叩くことで有名だ。

最もアイロニーな事例は、ベストセラー『金持ち父さん貧乏父さん（Rich Dad, Poor Dad）』の著者ロバート・キヨサキ（Robert Kiyosaki）の成功である。彼は『金持ち父さん貧乏父さん』を書く前は金持ちではなかったが、金持ちのふりをして本を書いて本当に金持ちになったと言われている。

彼は自分の本で「私は金持ち父さんのアドバイスどおり努力して、実際に金持ちになった」と主張しているが、いろいろ証拠を調べると、彼が実際に金持ちになったのはその本がベストセラーになったあとだと、多くの専門家が批判している。つまり、彼は、金持ちになる方法を教える本を書いて、金持ちになった人物である。しかし彼は、肯定的な嘘の力を知っていたから成功したのである。もし、彼が正直な人で、「私は金持ちだ」という嘘がつけなければ、『金持ち父さん貧乏父さん』のようなベストセラーが出版されることはなく、彼も今のような金持ちになることはなかったかもしれない。

もちろん、例として挙げた人たちが嘘つきだったと言っても、事業でお金を踏み倒したとか、会社の資金を横取りしたとか、そんなタイプのペテン師だったわけではない。

彼らの嘘にはパターンがある。彼らはまず、存在していないことを存在していると言うとか、疑わしい未来について希望的なことを約束したのだ。もちろんそのあとで、彼らはそれを真実にするために最善をつくしている。

彼らがそうする理由は、自分の価値を高めることが成功に役立つことを知っているからだ。積極的に自分の困難な状態を他人に話しても誰も助けに来てはくれない。

何かがほしければ、逆にいっぱい持っているので全然ほしくないような振りをするのが、それを手に入れる近道だ。例えば、お金が無くて金を借りたいと思うなら、逆に金持ちの振りをした方が簡単に借金ができる。また支持者がたくさんいる振りをする政治家の方が、より多くの支持者を獲得できるはずだ。

嘘だとしても、自分を精一杯美化して誇張できる人が、力強い支援者と多くの支持者を獲得することができる。社会的な影響力を得るということは、まったく知らない大勢の人々から支持を受けることなのだから、あなたの嘘がばれる可能性は非常に小さい。

要するに、立派なリーダーと詐欺師は、その時点ではどちらも同じ嘘つきなのだが、彼らの違いは、あくまで自分が公言したことが未来に実現するかしないかで決まるのだ。

Tip 嘘つきが成功する

世界的に名を成すほどの人物や、歴史を変えるほどの人物の中には、特に、嘘が上手な人が多い。どうして嘘をつく人の方がそうでない人より大きく成功するのだろうか。

大きな成功というものは、個人ひとりの力で成し遂げられるものではない。成功の多くは、ほとんどの場合、他人の協力やサポートで成し遂げられている。つまり、たくさんの人の助けがなければ、成功することはできないのだ。多くの協力を得るための重要なカギは、ずばり、自分自身を美化する嘘なのだ。

一般の人々は、他人の言うことを疑ってみるとか、うわさの情報源を調べるとか、扇動家の主張を論理的に考えて反論するとか、そんなことができる存在ではない。彼らは信じたいことを信じる存在なのである。自分が聞きたい甘い言葉が聞こえれば、嘘でも喜んで信じるのだ。

正直な人は、自分の劣った面をありのままに話し、自分の能力も謙遜して低めに言うのが美徳だと思っている。控えめな人の中には正当な資格があるのに、それに見合った待遇を受けることができないでいる人もいる。

逆に、自分を美化し実際の能力より誇張して話す人の方が有能だと思われて、正直なライバルを打ち負かし、能力以上の利益を得ている。

混沌とした社会では、最も嘘に秀でた人物が権力を握る。そして社会が安定してくると、嘘は支配階級が専有するようになり、権力が維持されるのだ。

29　嘘のフィードバックを使え

ヒトラーのカリスマ性は、絶えず自分を美化し、嘘をつくことで形成された。

彼の著書『わが闘争』はあらゆる法螺と誇張で埋まっているが、彼は自分の自伝まで宣伝道具に使ったのだ。

『わが闘争』でヒトラーは、自分の国家主義的歴史観が、ハイスクール時代の歴史の先生であったレオポールト・プェチ博士（Dr. Leopold Poetsch）から多くの感銘を受けた結果だと書いているが、これは事実以上に誇張されている。彼は自分の歴史観が子供の頃から形成されたと思わせるために、ハイスクールの教師を自伝に引き入れたのだ。

ヒトラーの虚勢を張る性格は、英雄の出現を望むドイツ国民の希望に添うものだった。混乱した社会の無力な民衆は、英雄を切望する。ヒトラーはあらかじめそれを見抜いて、自分を神秘なイメージに美化し、英雄のように見せるために多くの努力を払った。

彼は国民が願う英雄を創造しなければならなかった。国民の願いを叶えられるリーダーだけが、絶対的な支持を受けることができるからだ。

ヒトラーは「大衆は小さな嘘より大きな嘘に騙される」と言っている。また、ヒトラーの嘘と誇張は、ヒトラー自身をマインド・コントロールした。彼は『わが闘争』を執筆しながら、自らの偉大さを自分でも疑わないほど自己洗脳したのだ。


こんな話がある。

ある同窓会で女同士が久しぶりに集まって、お互いに自分の自慢話をした。夫がよくお金を稼いで来るとか、いい車を買ったとか、子供の成績が優秀であるなどという、同窓会でよく見られる自慢大会をしたのである。

同窓会が終わって彼女たちが自宅に帰ると、みんな憂鬱になった。自分の話したことはほとんど嘘なのに、友達の話はみんな真実のように思えたからだ。

私たちは他人の嘘はそのまま信じるが、自分自身の嘘を信じることはできない。当たり前のことだが、他人の嘘はよく知らないから信じてしまうが、自分の嘘は最初から嘘だと分かっているので信じることができないのだ。

しかし、どうせ同じ嘘なら、嫉妬や屈辱を感じる他人の嘘より、自信と意欲が湧いてくる自分の嘘を信じる方がいいのではないだろうか。

人間の脳はそれほど利口ではないから、自己暗示のメッセージをずっと繰り返せば、自分自身の脳を騙すことができる。

7節Tip（41頁）の事例で「ベッドは家具ではありません」と繰り返したテレビCFで多くの子供がベッドを家具ではないと思うようになったという話を紹介したが、ベッドのような具体的な事実でも騙されるのだから「私は必ず成功する」というようなメッセージで自分の脳を騙すのは、それほど難しいことではない。

ヒトラーは『わが闘争』に書いた多くの嘘で、自分を偉大な人物に偽装した。多くのドイツ国民がヒトラーの本を読み、その嘘を信じて彼を熱烈に支持した。国民の熱い反応を見て、ヒトラー自身も自分の偉大さをより確信するようになった。

このような現象を「嘘のフィードバック」と呼ぶことにする。

嘘のフィードバックが形成される過程をもっと詳しく見ると次のようになる。

《嘘のフィードバックが形成されるメカニズム》

(1)扇動者が大衆の聞きたがる希望的嘘をつく

(2)大衆が半信半疑ながらも耳を傾けるようになる
(3)真偽はともかく嘘がかなり希望的なので一部の大衆が熱狂的なファンになる
(4)ファンの熱狂的な反応から扇動者自身も自分の嘘を信じるようになる
(5)扇動者は、より確信を持って主張する。より多くの人々が騙される
(6)結局ほとんどの人が扇動者の嘘を信じるようになる
(7)扇動者も大衆の反応から自身の嘘に確信を持つようになる
(8)自分の主張を１００％確信する扇動者と多くの大衆を見て、他の人も信じるようになる

「嘘のフィードバック」、これはまるで、海の青い色が反射して空も青い色になり、さらに空の青い色が反射して海が青い色になる、ということに似ている。

このような法螺は、映画のマーケティングにも使われる。１９９８年度に封切りされたハリウッド映画「ゴジラ（Godzilla)」がいい例である。

映画会社は予告篇で、ゴジラの足がドスンと地面を踏み、巨大な足跡がアスファルトにつくシーンを見せた。マスコミはその場面を集中的に報道し、それを見た人は「ゴジラ」

がほとんど完成されたものと思った。だが、実はその時、映画は製作を始めてもいなかったのだ。

完成された映画は期待どおりのヒットではなかったが、予告篇が出た当時、ゴジラはその年で最もヒットが予想される映画の第1位だった（ゴジラは商業的には成功だったが、期待以下の収入で、「box-office bomb＝失敗興行」の代表的な例となっている）。

ヒトラーは、偉大なゲルマン帝国を建設するという理想を立て、そのためには偉大な帝国にふさわしい領土の拡張が必要だと主張した。それは国民との約束だけではなく、外部の世界へ公表する自分の決意でもあった。

このように、みんなの前で確信を持って公表すると、簡単には撤回できなくなる。つまり、「厳守しなければならない」状況に自らを追い込んだのである。

たとえ自分が公言したビジョンがただの空想に過ぎないとしても、それを大衆が「必ず達成されなければならないこと」「必ず成し遂げられること」と信じるようになり、リーダー自身もそう信じるようになる。仕事を成功させようと思えば、他人を騙すだけでなく、自分自身も騙さなければならないのだ。

優れた扇動家は、自分の嘘を他者が信じるように仕向けるだけではなく、それを自分自身も信じてしまうのだ。このようにすることで言動に矛盾がなくなり、自分の嘘をすべての大衆が疑うことなく信じるようになる。

そして、夢に過ぎなかった扇動家の嘘は、これを信じる大衆の力で実現し、結局、真実になってしまうのだ。

これがずばり「嘘のフィードバック」効果である。

Tip どんな嘘をつけばいいのか？

大きく成功した事業家は、誰でも「法螺吹き気質」がある。

世界的なデータベース会社「オラクル」会長のラリー・エリソンは、先述の通り、まだ開発に着手していない製品について話す時もほとんど完成しているように法螺を吹くことで有名だ。

まだ存在しない製品をすでに存在しているように語ったり、何でもないことをすごいことのようにマスコミに公表するというのは、その会社の社員にはかなり刺激になるかもしれない。社員がマスコミを通してそんなニュースを耳にすれば、「このプロジェクトは早く完成させなければならない」とか、「マスコミの期待を裏切らないようにしなければ」などと考えて、より一生懸命に仕事に取り組む可能性がある。

これがいい経営スタイルだとは言えないが、自信家の経営者が相当大きな会社をリードしている場合には、こんなことが頻繁に起こるようだ。

冒頭の例はちょっと極端だが、必要な時に嘘や法螺が吹けない生真面目なタイプの人は、どこに行ってもリーダーになることはできないだろう。

もちろん、未来について嘘をついたなら、それを真実にするために最善の努力をしなければならない。嘘を真実にできなければ信用はなくなり、ビジネスは失敗するのだ。

では、どんな嘘が成功の役に立ち、どんな嘘が成功の邪魔になるのか。

まず、過去や現在の客観的な事実を歪曲する嘘はよくない。なぜなら、そんな嘘はすぐに明るみに出るし、あなたが率いる味方からも批判されて、リーダーシップを失う可能性が高い。

例として、2003年、アメリカのブッシュ政権はイラクが大量破壊兵器を隠し持っていると主張してイラク戦争を起こした。イラク戦争でアメリカは短期的には莫大な政治的利益を得ることができたが、大量破壊兵器は結局発見されず、戦争の大義名分がすべて嘘だったということがばれてしまい、ジョージ・ブッシュは歴代最悪の大統領だという汚名を受けることになった。その後、民主党政権に変わってオバマが大統領になったのも、ブッシュ政権が戦争を起こすためについた嘘が原因の一つである。

客観的な事実を歪曲する嘘は、短期的には利益になるかもしれないが、結局は自らを破滅させる。

子供を抱き寄せて微笑むヒトラー

また、普遍的なモラルに反する嘘も自分を不利にする。

そんな嘘は、味方にいくらアピールしても味方以外からは強烈な反感を買うだろう。普遍的なモラルを大義名分として団結した巨大な敵が現れる可能性があるのだ。

例えば、ヨーロッパの一部で社会問題となっているネオナチ団体は、ヒトラーを崇拝するとか、外国人へのテロを愛国的だと若者に教育するなど、普遍的な倫理に反することばかり主張している。誰が見ても健全ではない思想を持つ団体は、社会的な影響力を持つほど勢力を広げることはできない。

ヒトラーは、ロシアのネオナチとは違っていた。彼は、大衆に対しては常に善良なイメージを与えた。子供を抱いて微笑む姿や、演説で神に祈る姿など、誰が見ても善人のように行動したのだ。

ヒトラーが国民から圧倒的な支持を得ることができたのは、彼が普遍的なモラルを持つ人のように見えたからである。

最良の嘘は、「現時点では嘘ではない希望的な嘘」である。未来になって真偽が判明する嘘が良い嘘だ。未来についての肯定的な嘘は、あなたとあなたが率いる人たちを成功に導いてくれる。

30 不確実な状況でも確信を持て

不確実な状況で自信を持つことは、どんなにタフな人でも難しい。どうすれば、いかなる状況でも確信が持てるリーダーになれるのだろうか。

不確かな現実の中で確信を持ってリードしなければならない職業と言えば、映画監督が挙げられるだろう。彼らは、どのようにして自分のビジョンと決定に確信を持ってスタッフをリードしているのだろうか。

ある映画監督は次のように言っている。

「私自身も自分の映画が成功するかどうかはまったく分からない。だから現場ではいつも不安だ。正直に言えば、自分の決定したとおりに進行していいのか、確信はない。しかし、スタッフに自分の心情を見せることはできないから、平気な顔をしている」

彼はかなり大きな予算が投入された映画の監督をしていたから、相当のプレッシャーを感じていたのは間違いない。

「ロボコップ（ROBOCOP、１９８７）」を監督したポール・バーホーベン（Paul Verhoeven）は、ストレスのせいで、撮影現場に出る前にいつもトイレで吐いていたと告白している。監督は毎日吐いて体重も減るほど苦労していたが、当時他のスタッフはその事実を知らなかった。ポール・バーホーベンの態度がいつも自信満々だったからだ。

「スター・ウォーズ」の監督ジョージ・ルーカスは自分の会社を起こして「スター・ウォーズ」の続編を製作する時、予算が底をつき、銀行の融資も止まり、スタッフの協力もあまり得られない状況で、大変なストレスを感じていた。その結果、健康だった身体が高血圧や高コレステロールなど、さまざまな成人病で苦労するようになった。

彼らのように大ヒット作を作った監督たちも、実は普通の人と同様に不安を感じることがあるのだ。

大企業を経営するＣＥＯも、国家を統治する指導者も、みんな不安や焦り、恐れや苦悩などの人間的感情を経験する。それでも彼らはそんな感情を表に出さず、むしろ、自分に従えば間違いなく成功すると嘘までつく。

リーダーとしての成功を望むなら、自分自身について肯定的な嘘をつかなければならない。たとえ未来が不安だとしても、必ず成功すると自分自身を騙すのだ。そうすれば「嘘のフィードバック」効果によって、だれもがあなたに従うようになるだろう。

31 民衆の怒りを扇動せよ

ヒトラーの演説はいつも同じ形式だった。

まず、祖国の現実への辛辣な批判を展開し、聴衆の賛同を得てから次の論理を進めた。戦争に敗れた祖国の憂鬱な現実、ベルサイユ条約の不当性、戦勝国への怒り、ドイツ国内にはびこるジャズなどの「堕落した文化」に対する批判などである。

そして、歴史を懐古してナチ党の綱領を解説し、自分のビジョンを語った。

彼は「ドイツは民主主義のせいで飢え死に同然の状態である！」というような言葉で、経済破綻をもたらした軟弱な民主主義政府を攻撃し、国民の怒りを刺激した。ヒトラーは、自らの挫折を、ドイツ国民全体が経験している挫折として表現する才能があった。

彼の演説の要旨がいつもまったく同じだったということは、彼の思考と感情がかなり単調であったことを意味しているのだが、また、彼の思想が一貫していたことをも表している。

彼が書いた演説原稿には、自分が捉われていたいくつもの恨みの感情が、非難と復讐の誓いで表現されている。

彼はこう叫んでいた。

ただ抵抗と怒り！　怒りがあるだけだ！

怒りはとても強烈で率直な感情である。怒りには、迷える人々を捉える力がある。声を張り上げて、意気消沈した心細い国民に、敵に対する怒りを燃え上がらせることが彼の演説内容だった。

自由を得るには、誇りと意志、反抗と怒り、そう、怒りが必要なのです！
我々は諦めない。我々は望んでいる！　復讐を！

まともな人がこんな激しい扇動家を見れば、近寄りたくないと感じるだろうが、窮乏と絶望に陥っていた当時のドイツ国民にはそうではなかった。

敗北主義に陥っている人々の感情は極端な方向に振れやすい。そして、そんな人間こそ、誰かの扇動によって、後先考えず飛び出して身を挺して闘争する人たちなのだ。

特に若者を扇動するのは、大衆扇動にはかなり効果的だ。彼らは中高年に比べて意欲と行動力があり余っているからだ。

幸せな人たちを扇動するのは非常に難しいが、逆に、不満だらけの人間を扇動するのは簡単だ。すでに心の内に持っている憎悪を、少し焚きつけるだけでいいのである。

ヒトラーは大衆はみんな愚かで騙しやすいと考えて、実際に激しい扇動で彼らを騙すことに成功した。大胆な誇張を使って「敵」の陰謀について語り、敵方と対決することを主張した。

ヒトラーは敵に対する憎悪を利用して、ドイツ国民を団結させようとした。民衆の怒りを自分の勢力拡大の原動力にしようとしたのだ。不満で爆発寸前の大衆にその不満を吐きだす攻撃目標を与えれば、彼らは「敵」を倒すために簡単に団結する。ヒトラーにはそれがよく分かっていた。

また、彼は一度にたくさんの敵を見せることもしなかった。民衆の憎悪を煽って対決の構図を作る時は、その敵を少数に限定しなければならない。あまりにも多くの敵を示せば、民衆は憎悪を向ける相手を見失って混乱をきたすのだ。

32 怒りの対象を選定せよ

優れた扇動者は大衆を扇動するために「敵」をよく利用する。RPGの英雄にモンスターが必要なように、大衆には共通の敵が必要である。共通点があまりない多様な人を団結させる最も簡単な方法は、社会全体の敵、つまり公共の敵（public enemy）を作ることだ。公共の敵になる最適な対象は、次の条件を満たしていなければならない。

《公共の敵の条件》
(1) 絶対多数の民衆に被害を与える（ように見える）集団であること
(2) 民衆が一致団結すると、充分に勝つことができる相手であること

ナチス時代のドイツのユダヤ人は、この二つの条件をすべて満たしていた。当時のドイツ人の苦難がユダヤ人のせいだという考えは、どうみても被害妄想から生じたものだが、

怒りの対象が必要だったドイツ国民にとって問題の本当の原因はどうでもよかった。

ヨーロッパ人の反ユダヤ感情はかなり根深いものであるうえに、国家経済が崩壊するほど景気の悪い当時のドイツでは反ユダヤ感情が渦巻いていた。

ユダヤ人は経済的には裕福だったが、人口は少数だったし政治的な力も弱かった。したがってドイツ国民が団結すれば、物理的に十分追い出すことができる相手だった。

フランス革命では、敵は民衆を搾取する貴族だった。当時の貴族の横暴は極限に達しており、また、全人口に対して絶対少数に過ぎなかったため民衆が結束すれば充分に力で勝つことができた。貴族は公共の敵になれる二つの条件をすべて満たしていたから、民衆の敵になることができたのだ。この二つの条件のうち一つでも満たさない集団を敵に設定すると、民衆から同調を得ることは難しい。

Tip 対象の選定が悪い事例：サタンの音楽

筆者は高校時代によく音楽を聴いたが、ジャンルはクラシック音楽だけで、他のジャンルはほとんど聞いたことがなかった。大学に入っても同じだったが、ある日、大学でトイレに行った時、宗教サークルの小冊子を目にした。

その小冊子は扉の内側のフックに長い紐でぶら下げられていて、ちょうど便座に座ると読んでみたくなるようになっていた。冊子には、次のような主張が書かれていた。

「大衆文化はサタンに支配されている」

「多くの音楽にはサタンのメッセージが入っていて、特にヘビメタやニューエイジ音楽はキリストの教えに反する最も邪悪なサタンの音楽である。絶対に聴いてはいけない」

まだ若かった筆者は、その文言に興奮した。

「サタンの音楽っていったい何だろう？　すぐに聴きたい！」

筆者は、キリスト教に対して何の反感も持っていなかったし、悪魔主義のようなオカルトにも興味はなかった。しかし、「サタンの音楽」には、強い好奇心が湧き起こった。

週末になると早速、大きなレコード店に行って「サタンの音楽」を探した。しかし、どれがサタンの音楽なのか分からなかった。あの小冊子には、バンド名とかアルバムのタイトルなどが具体的には書かれていなかったのだ。仕方なく、たくさん並んでいたCDの中からジャケット・カバーが最も邪悪に見える三つのCDアルバムを選んで買った。寮に帰って、その中でジャケットが一番邪悪に見えるCDをプレーヤーにかけてみた。

他の二つのアルバムは確信が持てなかったが、そのアルバムはジャケットにグロテスクな骸骨のキャラクターが描かれていたし、バンド名も「死」を連想させる名称だったため、サタンの音楽に間違いないと思ったのだ。

筆者はドキドキしながらプレイボタンを押した。まさかこの俺がサタンの音楽に洗脳されることはないだろう。

「……これが『サタンの音楽』か！」

2～3分ほど音楽を聴いたあと、サタンのメッセージを見つけ出すことには失敗したが、音楽そのものが好きになっていた。何よりも、作曲の能力が優れていたので驚いた。何年も、バッハやモーツァルト、ヴィヴァルディなどを聴いていたが、クラシックに比較しても少しも負けない音楽性を持っていると感じた。

「なぜ、こんな天才がサタンの音楽なんか作ってるんだ?」

そう思ってライナーノーツを広げて歌詞を読んでみると、わかったのは、このＣＤがサタンとは関係ないということだった。歌詞の内容は、絶えず戦争を起こす人類に対する怒りと批判のメッセージで、ジャケットに描かれた骸骨のキャラクターは核戦争で死んだ人を象徴するもののようだった。ちなみに、このアルバムはMEGADETHの「RUST IN PEACE」で、他の二つはNIRVANAとMeat Loafのものだったが、そのアルバムも明らかにサタンの音楽ではなかった。

その後も諦めずにサタンの音楽を探そうとした。もちろんマリリン・マンソン（Marilyn Manson）のアルバムも買った。彼は「ANTICHRIST SUPERSTAR」などのアルバム名からも分かるとおり、自らサタンを任じていたが、あるインタビューで、

「私の音楽の邪悪なイメージは、すべてマーケティングに過ぎない」

というようなことを言って筆者を失望させた。

「我々の音楽は本当にサタンの音楽だ！」と主張するディーサイド（DEICIDE）のようなバンドも、「彼らは、そんな過激なコンセプトでアルバムを50万枚以上売りました」というミュージック・ビジネスの話を聞くと、ただ注目されるためにそのようなイメージを利用したということが明確だった。

なかなかサタンの音楽にたどり着けないまま、ある日、小冊子をトイレに配布していたサークルの活動に熱心な友達に聞いてみた。

「サタンの音楽って、いったいどこに行けば見つけられるの？　メガデスなんかではないみたいだし」

すると、彼は答えてくれた。

「ニューエイジ音楽が本当のサタンの音楽だよ。一見静かな音楽に見えるけど、その美

しいメロディをずっと聴いていると全身がだるくなって、人間を催眠するサタンのメッセージが密かに詰め込まれているんだよ」

そして彼は、ジョージ・ウィンストン（GEORGE WINSTON）の「ディセンバー（DECEMBER）」を勧めて、「絶対繰り返して聴かないでよ」と言い残した。

その週末、ジョージ・ウィンストンの「ディセンバー」を買って、「CANON」や「JOY」などの美しいピアノ曲を初めて聴いて感動した。

あの宗教団体が主張する「サタンのメッセージ」をその音楽の中に見つけようとしたが、まったく発見することはできなかった。

その後、筆者はクラシック以外にもさまざまな音楽を聴くようになった。あの宗教冊子の主張は、筆者を「サタンの音楽」から引き離すどころか、いろいろなジャンルの音楽に興味を持つようにしてしまった。

結局、多様なCDを集めて一つの部屋がCDでいっぱいになった頃には、筆者も音楽に相当詳しくなって、彼らが主張する「サタンの音楽」などは実在しないことが分かるようになった。最初にトイレで読んだ記事も、音楽の知識があまりない人が書いたのだと想像できた。

あの宗教団体は、信者を団結させるために「敵」が必要だったのだろう。その敵を周囲にある「堕落した文化」から見つけようとした結果、ロックやヘビメタを敵にするようになったようだ。実際に、一部のヘビメタバンドが自分たちを「サタンの音楽」だと主張してマーケティングしているから、その宗教団体にはちょうどよい敵だったのかもしれない。

あの宗教団体は、今でも「大衆文化はサタンに支配されている」と主張していて、それを信者たちはありのまま受け入れているようだ。

しかし、そんな信者は少数に過ぎない。これは失敗した扇動の代表的な事例である。扇動には、たしかに敵が必要だが、その対象はよく吟味しなければならない。

音楽は、多くの人に楽しみを与えてくれる。たとえイメージで差別化している「邪悪なヘビメタバンド」でも、街中で人を殺すとか地下鉄に毒ガスを散布するような行動をするわけではない。

つまり、「大衆の敵は絶対多数に害を与える存在であること」という、公共の敵の条件(1)を満たしていない。

それに、音楽市場は大手レコード会社やテレビ局、映画やアニメなどのコンテンツ会社、SONYなどの大手電機メーカーの利害がかかっている。多くのミュージシャンの生計もかかっている。

だから、「ほとんどの音楽にはサタンのメッセージが潜んでいる！」と主張して信者を扇動しても、強力な大企業の連合軍を相手に戦わなければならない。

つまり、その宗教団体が設定した敵は、「民衆がみんなで団結すれば、充分に勝つことができる相手であること」という、公共の敵の条件(2)も満たしていない。

団結しても勝てない相手と戦うことには、誰も賛同しない。あの宗教団体が信者を増やせないのも無理はないのだ。

最も効果的に扇動するには、敵の選定にも慎重にならなければならない。

33　単純明快なビジョンと思想を確立せよ

ヒトラーが話術に優れていたのは、自らの主張の根拠と論旨が明確だったからである。

彼は、大衆を愚かな存在だと考えて、最も愚かな人にまで届くビジョンを開発することに焦点をあてたのだが、その知的で論理的な態度はエリートたちの心まで奪ってしまった。

イギリスの歴史学者アーノルド・J・トインビー（Arnold Joseph Toynbee、1889〜1975）は1936年、ベルリン大学の招請で講演のためドイツを訪問して、ヒトラーと単独対談を行った。

トインビーはヒトラーとの出会いを次のように回想している。

「2時間15分の間、ヒトラーは理路整然と明快に論理を展開させた。学術講演者の中でもそれほど長時間、一度も論旨を失わないで話す人を私は見たことがなかった」

世界一の大学者にも、ヒトラーは論理的で賢い指導者のように見えたのだ。トインビーは、ドイツを訪問した当時、ヒトラーに潜在していた邪悪さを見抜くことができなかっただけでなく、彼の論理と弁舌に騙されて、人間的に好感を持つまでになった。

ヒトラーがこのように論理的に相手を説得できた理由は、獄中で『わが闘争』を執筆して、自分のビジョンと思想を確立していたためだ。

彼はその著書の中で、ドイツがいつかヨーロッパと世界の支配者になるという明確なビジョンを提示した。また世界を支配するドイツには、それに見合う広い領土が必要だと主張した。このような考えは、敗北主義に陥っていたドイツ国民に、希望と誇りを持たせてくれるのに十分だった。

中立的すぎる、特色のない主張だけをする人は、いくら話術に優れて利口な人であっても、単純で極端な主張で武装したライバルに押されやすい。

これは、2004年のアメリカ大統領選挙におけるケリー候補とブッシュ候補の対決結果を見れば簡単に立証できる。ブッシュはケリーに比べて、話術も劣っていたし、極端で一方に偏った論理だけしか主張しなかった。事実、彼らの知的能力の差は、ブッシュ支持者が見ても明白だった。

それでも国民はブッシュを選択した。ブッシュの方針は、彼が国民に何をしてくれるのかが明確に表れていた反面、国民は、ケリー候補からどんな明白なメッセージも受けることができなかったのだ。

政治家としてのヒトラーの方針は非常に明確で、誰にも判りやすかった。

「ドイツ国民は今苦難に直面しているが、実は、私たちは世界で一番優秀な民族だ。私たちは団結して、ドイツを世界を支配する帝国に再建しなければならない」

今日の私たちには、危険な民族主義に凝り固まった戦争狂のセリフにしか思えないが、当時の人々には、そんなことは分からなかった。何よりも景気が悪すぎたので、人々の心は非常に扇動しやすくなっていた。挫折感と劣等感に苛まれている人たちには、極端な主張がよく効くのである。

とんでもない主張ばかりしているインチキ宗教やマルチ商法に簡単に騙される人が現れるのは、その団体の主張がシンプルすぎて、それに惹きつけられる人がいるからだ。主張が分かりやすいということは、その分、それを信じる人が多くなることを意味している。

単純明快なビジョンと思想があれば、たとえあなたがマルチ商法の社長、あるいはインチキ宗教の教祖だったとしても、あなたの主張に引き寄せられ、集まってくる人がいるはずだ。

その主張の真偽は重要なことではない。主張の明快さと単純さが、人を集めるための最も重要な要素なのだ。

指導者の方針は明確でなければならない。「あちらではない。こちらだ」と、その方向性を誰でも簡単に分かるようにするべきだ。

政策的に中途半端で中立的な立場を指向する指導者は、単純で明確な方向性を持つライバルに負けやすい。人々を団結させ、リードしようとするなら、単純で明快な方針を提示しなければならない。組織の団結は、自分たちの陣営で最も知的能力の低い人でも、そのビジョンを理解できてこそ可能なのだ。

ビジョンが明確であるということは、その目的が正しい場合でも、邪悪な場合でも必要なことだ。

自分のビジョンを明確にするためには、それを文書化した方がいい。日記を書いて、何年か過ぎた後に読み返してみれば、「あの時、私はこんな風に考えていたのか」と思うほど、人の考えは変わっていくものだ。

数年前に決めた目標を堅実に実践していくには、どんな形でもいいから文書化することが重要だ。ヒトラーも、自分の初期のビジョンを『わが闘争』という書籍として残したことが、頂点に上り詰めるための重要な役割を担っている。

ヒトラーだけではない。自分の目標をできるだけ明確に整理して記録することは、どんな人にも役立つものだ。文書に残しておけば、初期のビジョンを後で思い出すことができるから、ずっと一つの方向に一直線に進むことができる。

目標地点に一番速く到達する方法は一直線に進むことだ。ヒトラーが『わが闘争』を文書で残したように、あなたも自分だけのビジョンを文書に残してみてはいかがだろう。

34 ヒトラーの人気の秘訣は実質的改善だった

フォルクスワーゲンの「ビートル」はかなり昔に生産終了になった車だが、多くの人がそのデザインを知っているほど知名度が高い。昆虫のカブトムシをコンセプトにデザインされた、くりくりとしたかわいい車だから、特に女性から人気を集めているようだ。

しかし、そのかわいい車を見て、ヒトラーを連想する女性はどこにもいないだろう。実は、フォルクスワーゲン・ビートルはヒトラーの命令で開発されたドイツ最初の国民車なのである。

よく知られている速度制限のない高速道路アウトバーンも、やはりヒトラー治下で建設された。フォルクスワーゲン・ビートルとアウトバーンは、ヒトラーによる経済発展の最も象徴的な成果として、たびたび取り上げられている。

ヒトラーは、演説だけで大衆の心を奪ったのではない。ヒトラーが政権を握った後、実際にドイツの経済は蘇り始めた。ヒトラーはアウトバーンなど、ドイツ各地をつなぐ高速道路を建設して軍需産業を発展させた。交通インフラの拡充は産業の発展に必要なものでもあったが、軍需産業を発展させるためでもあった。これは間違いなく第二次世界大戦の前兆であったが、「経済の発展」はみんなが喜ぶことであったので、誰もそれに対して批判することはできなかった。

また、彼はフォルクスワーゲン（Volkswagen：「国民車」という意味）を作って、全般的な自動車の水準を引き上げた。彼の政策で非凡な点は、先に道路の水準を向上させた後、自動車の水準を引き上げたということだ。1936年にはベルリンオリンピックと冬季オリンピックを同じ年に誘致して、ドイツの発展した姿を全世界に誇示した。

VWビートルに乗るヒトラー

ヒトラーは自ら次のように述べている。

「私は、複雑な問題を簡単な問題に変える才能がある。すべての問題を根本まで追及することができる、そんな能力なのだ」

彼の単純明快な論理力は、人々に分かりやすいビジョンを提示するのに大きな役割を果たした。彼は社会問題でも経済問題でも、最も重要な核心に集中した。その結果、非常に早く顕著な成果を上げることができた。大衆が指導者のビジョンを信じるようになるのは、顕著な成果が間断なく見られる時なのだ。

最悪の経済状態の中で権力を握ったヒトラーにとって、経済の安定は政治生命をかけた最も重要な政策であった。

１９３３年1月、ヒトラーがドイツの首相になった時、ドイツには６００万人を超える失業者がいた。しかしわずか3年後の１９３６年には、失業者がほとんどいなくなった。また、国民生活は豊かではなかったが、食事の心配がいらないほど経済は良くなった。このように経済状況を好転させることによって、ヒトラーは絶望に陥っていた人々に未来への希望と自信を与えたのだ。彼は、ただ雄弁と扇動だけで大衆から人気を得たわけではなかったのである。

ヒトラーは経済や治安など、国民の生活を非常に重視した。そして、彼の計画どおりに発展していく祖国の姿を国民に見せたのだ。

ヒトラー治下のドイツは、一方では少数民族が差別されたり殺されたりしたが、もう一方では経済が発展して景気もよくなる二面性のある社会だった。治安と経済は、みんなが望むことなので、それを自らの独裁権力を維持する口実に使ったのである。

ナチス政府は一般の国民の生活を改善するために非常に努力した。徹底して治安の維持に努めたので、劇的に犯罪が減少し、女性も安心して夜道を歩けるようになった。長い間、社会的混乱に苦しめられた人々は、秩序を維持するためにナチスがどんな暴力を使ったとしても、それが自分たちと関係ないところで使われている以上、ナチスの政策にいくらでも従うことができた。

ヒトラー治下ではドイツ人の日常生活は抑圧されて陰鬱だったと考えられがちだが、実際にはまったくそういうことはなかった。映画の観客数を見れば、1942年の観客数は1933年に比べて4倍も増加した（1933年はヒトラーが首相になった年）。また、アメリカやイギリス、フランスなどの文学書籍、そして音楽まで活発に輸入して消費された。当時のドイツ人たちは文化的にも非常に活発な消費活動を行っていた。要するに、楽しめることは全部楽しんだと考えてもいいのである。

ヒトラーは政権を握った後、ナチスだけを合法的な政党にした。民主主義が壊れる典型的なプロセスだ。ヒトラー以前のドイツは民主主義国家だったので、なぜ、そのような独裁に抵抗するドイツ人がいなかったのか疑問を抱く人もあるだろう。

その答えは、ヒトラー以前の経済状況にある。飯が食えなくて、飢えて死んでいく人に、自由とか民主主義とか言っても何の意味もない。

ヒトラーとナチスは、崩壊していた経済状況を自分たちの独裁支配のために使ったのだ。

このような独裁体制に国民が抵抗することなく、それどころかむしろ満足していた理由は、何よりも驚くほどの経済発展と生活の質向上があったからである。

民衆は、リーダーが善人であるとか悪人であるとかには全然興味がない。実際に行動して自分たちにパンを食わせてくれるリーダーだけに従うのだ。

Tip　実践して、人々からの信頼を勝ち取れ

ヒトラーが国民の支持を勝ち取ることができたのは、人々の心を集団催眠で射止めたためだけでない。ドイツ経済に実質的な貢献をしたからだ。

話だけでは人々の人気を集め続けることはできない。現実の中で実質的な改善がなければ、大衆は指導者に疑問を抱くようになるはずだ。したがって、立派な扇動家は話だけではなく、つねに積極的な実践で大衆の信頼を得ているのだ。

ヒトラー治下のドイツは、社会が近代化していく一種の社会変革の時代であった。ヒトラーが権力を握る前のドイツには前近代的な階級制度が存在していたが、彼が権力を握った後は、階級制度が破壊され、下層の出身でも優れた人間は出世することができた。

そう考えればヒトラーはドイツの近代化に決定的な役割を果たした政治家だといえる。もし、彼がすべての民族を包容できる価値観を持っていれば、ユダヤ人虐殺や第二次世界大戦を起していなければ、ドイツの歴史上最も偉大な指導者となっていたかもしれない。

＊豆知識：ヒトラーが作ったカブトムシ型の自動車「ビートル」

カブトムシ形で有名なフォルクスワーゲン・ビートルは、ヒトラーの指示によって作られたドイツの国民車だ。ビートルを作ったのはポルシェ博士（Ferdinand Porsche、１８７５～１９５１）である。彼がヒトラーに会ったのは、彼がベンツを辞め、独立して別の会社を起こした１９３３年８月のことだ。

ヒトラーはすべてのドイツ国民のための国民車生産を計画していた。彼は値段が安くて、整備が簡単なこと、小型車だが車内が狭くないこと、寒い冬でもエンジンが凍らないこと、オイル１リットルで12㎞をやすやすと走ること、などの難しい条件を上げた。

それから3年後、ポルシェが開発した国民車が世に登場した。性能はヒトラーの条件よりも良かった。オイル１リットルで14～15㎞をやすやすと走れたし、小型車だが室内は広くて５人も乗ることができた。価格は１０００マルク以下で、当時のバイクの値段の水準

ポルシェ博士とヒトラー

だった。それが今日までカブトムシの形で有名な「フォルクスワーゲン・ビートル」である。
　この車は延べ2150万台が生産され、単一モデルで世界で最もたくさん売れた自動車である。
　しかし依頼人だったヒトラー本人は、フォルクスワーゲン・ビートルがカブトムシ型でデザインされるとは思っていなかったので、がっかりしたと言われている。確かに、雄壮なことが好きだったヒトラーの好みとかわいいカブトムシ型の自動車は合わないと思われる。

35　味方を団結させるアイデンティティを捜せ

オリンピックやワールドカップは、世界を一つにするスポーツの祭典と位置づけられてきた。しかし、そのようなスポーツ大会は各国の名声をかけて競い合うので、戦いが熾烈になればなるほど国家間や民族間のライバル意識が燃え盛るようになる。それが激しくなれば、相手の国家に対する敵愾心《てきがいしん》にまで発展することもある。

2002年のワールドカップが韓国人を熱狂させたのは「同じ民族」だという概念だった。人々はみんな赤いTシャツを着て広場に集まって応援し、韓国代表チームが勝つことだけを熱望した。ある人は興奮し過ぎて涙を流したり気を失ったりした。

しかし、韓国で一時盛り上がったワールドカップブームは、比較的おとなしい方だ。ある国では、自国の代表チームがワールドカップで負けたことに腹を立てて、選手を殺すと脅迫したり、自分の応援するチームが負けたといって流血事件に発展することもたびたびある。このような事例を見れば、国家や民族といった概念がスポーツに関連付けられることは、相当危険なことだ。

ほとんどの人は、国際的なスポーツ大会に国家や民族といった概念を最初に関連付けたのがヒトラーとナチスだということを知らない。

国家とは、民族とは、何だろうか。「民族」とは、生物学的な概念ではなくて、かなり抽象的な概念であることは明らかだ。同じ地域に住んでいる人でも、その家系を追跡してみればかなり多様な種類の先祖が混ざっているので、純血という概念を生物学的に定義することはできない。

ヒトラーが「ドイツ民族の敵」と名指したユダヤ民族にしても、彼らは長い間ヨーロッパの地で暮らして来たので、人種的にはヨーロッパ人と区別がつかなくなっていた。彼らを他の民族から区別するのは生物学的差ではなくて、文化的な差だけだった。要するに、「民族」とは生物的には実体のない概念なのである。

しかし政治家の立場では違う。民族とは、国民を団結させることができる強力な共通分母なのだ。民族と国家は、ファシズムが大衆を結束させるのには、ちょうどよい口実になった。

結論として「民族」とは、政治勢力によって利用される抽象的な概念である。しかし、その実体が不明瞭なものだと言っても、「同じ民族」「同じ根元」「同じ血統」のような概念が政治家によって繰り返されれば、民衆はその中に安定感を感じて、結局、そのスローガンの下に終結するようになるのだ。

Tip 何を口実にして人々を団結させるか？

日本でサラリーマン生活をしているあなたが、人生を変えたくなり、アメリカに移住して事業を始め、現地の女性と結婚して暮らすようになったと仮定しよう。国籍、職業、居住地、家族、すべてが変わったが、あなたが日本人だということには変化がない。たとえアメリカで長い時間が経過しても、あなたの元の国籍を思い出させる機会はたびたび起こるだろう。

『金持ち父さん貧乏父さん』の著者ロバート・キヨサキは、日系アメリカ人4世で、外見は普通の日本人と同じだが日本語を話せない完全なアメリカ人である。しかし、頻繁に、彼に（日本語の練習がしたくて）日本語で話しかけるアメリカ人がいると言う。

この事例からも分かるように、私たちが血統や人種から自由になることは非常に難しい（たとえ4世の代になっても）。したがって、民族という概念は個人の立場では不便なものかもしれないが、政治家の立場では人々をコントロールするのに最も便利な道具である。

したがって、このような民族共同体という概念は、かつてのファシズム国家で国民統合の手段として好んで使われた。ナチスが宣伝した「ドイツ民族共同体（Volksgemeinschaft）」とは、社会各界各層のドイツ人が血統と土地で一つの運命共同体にならなければならないという意味を持っている。これは国家社会主義のイデオロギーを完成するために、ヒトラーとナチスが好んで使った概念だった。

しかし民族主義は、どんな形態でも他の民族に対する排他性を持っている。したがって多民族国家のアメリカなどでは、民族主義は非常に危険な思想だと思われている。

一方、「単一民族国家」を掲げた当時のドイツのような国では、そのような概念は、絶対多数の民衆の支持を受けることができるものだった。ただし、現在のドイツでは、第二次世界大戦で一般市民が大きなダメージを受けたため、「民族」という概念をすべての人が軽蔑するようになった。

民族、国家、宗教、人種、階級（たとえば共産主義運動）などは、古くて排他的で、何よりも今日では広範な社会的支持を得にくいものだ。

特に、このような概念は、会社などの現代組織では使うことができない（会社で民族や宗教によって社員を差別すれば、すぐに訴えられるだろう）。

したがって今日の会社組織で従業員をリードしていくには、民族や国家以外の、他の何かが必要だ。例えば、チームを作る時、最も実力がある人を選別するというエリート主義を利用するのもよい方法だ。プライドが高い人を操るのは簡単だし、人種や性別で差別をしてはいけないが、実力で差別するのはまったく問題がないからである。

最高の専門家だけを雇って、彼らの誇りを刺激して、彼らの使命について宗教的な信念を与えるのだ。

例えば、アップル社の最初のグラフィックインターフェースパソコンであるマッキントッシュ（Macintosh）を開発する時、スティーブ・ジョブズは、最高に実力のある人だけを選んでチームを構成し、彼らに次のように語って、誇りとプライドを鼓舞した。「私たちは、世の中のためになる、本当に価値のある仕事をしている」「私たちは、人類の歴史に永遠に残る仕事をしている」「私たちの仕事の重要性は、神の仕事に比べても劣ることはない」というような、宗教的信念ともいえる確信を社員の心に吹き込んだ。

その結果、彼らは本当に、コンピューターの歴史を変えることになったのである。

優れた人たちの団結は奇蹟を生むことができる。スティーブ・ジョブズは、コンピューターの技術的知識はまったくなかったが、優秀な社員を団結させるという能力だけで、コンピューターの歴史に永遠に残る奇蹟を起こすことができたのだ。

36　若者たちにアピールせよ

どんな政治的運動も、愚かな若者たちを必要とする。今日のインターネット界隈でも確認できるが、自分の過激な政治的意見を表出するために大切な時間を捨てている勇ましいキーボード戦士（Keyboard warrior）はほとんどが若い人である。時間がたくさんある若者ほど政治的運動に熱心な人はない。彼らは怒りやすくて、扇動するのもたやすい。

ナチズム（Nazism）は若い層を中心とした運動だった。ヒトラーが演説を武器に活発に政治運動をしたのも30代後半のことで、ナチ党員の大半は20代後半から30代の若者たちだった。ヒトラーの演説は大学生にも多くの影響を与えた。ヒトラーは大学に行ったことはなかったが、それにもかかわらず多くの大学生のエリートが彼に扇動された。

ナチズムが活発に国民の間に広がった主な理由は、ナチズムが若い層を中心に組織的に展開したからだ。

ナチスは若者たちを扇動するために多くの努力をした。ナチスの初期活動に貢献した「ナチス突撃隊」は、若い失業者で構成された集団で、ナチスのそんな努力の一端を見せるものだ。分かりやすくいえば、ナチス突撃隊はナチ党が組織した暴力団であり、道端でユダヤ人を殴ったり、他の政党の人に暴力を振るうなど、いろいろな役目を担っていた。

またナチスは青少年を集めて「ヒトラーユーゲント（Hitlerjugend）」を育成した。この組織は、1932年頃には隊員数は10万人程度だったが、ナチスが政権を握った後は加入が義務化され、1934年末には約358万人まで増えた。

2005年に新たに選出されたドイツ人教皇ベネディクト16世が、幼い頃にヒトラーユーゲントに入っていたことが一時論争の的になったが、結局問題にならなかったのは、当時のナチス統治下のドイツでは青少年のヒトラーユーゲント加入は義務的なものだったからだ。

広い意味のヒトラーユーゲントは次の四つの組織で構成されていた。

10歳から14歳の少年は少年団（Jungvolk）、10歳から14歳の少女は少女団（Jungmadel）、14歳から18歳の少年はオリジナルのヒトラーユーゲント（Hitler-Jugend）、14歳から18歳の少女はドイツ女子同盟（Bund Deutscher Mädel、略BDM）に入った。これらの組織は思想教育と勤労奉仕、軍事補助労働などに動員された。この4種類の組織を全てひっくるめてヒトラーユーゲントと呼ぶこともある。

この中で有名なのは武装親衛隊（Waffen SS）第12機甲師団だ。その理由は、ヒトラーユーゲントの中で最も優秀なメンバーだけで構成されていたからだ。

多くの少年がこのようなヒトラーユーゲント活動に熱心だったが、その動機が「軍服がカッコいいから」というものも少なくなかった。ヒトラーユーゲントの中で最も優秀なメンバーは、武装親衛隊に優先的に選出された。それは非常に名誉なことだった。

武装親衛隊は、純粋アーリア人種の血統が証明されなければならなかったし、瞳はブルーで髪はブロンドでなければならなかった。また、個々の組織には身長の制限があった。武装親衛隊第1機甲師団（LAH）は178cm以上、ゲルマニアドイッチュラント連隊は174cm以上、その他の支援部隊は172cm以上でなければならないという条件があった。身長に制限があった理由は、機能的な目的より視覚的な効果にあったと思われる。

また親衛隊は、独特の徽章をつけた黒い制服を着て、その制服が非常に格好よかったので若者たちの羨望の的になった。

このようにデザインと視覚的な効果に気を使った結果、若い人の感性をうまく刺激して、若者がたくさん軍隊に志願するようになった。今日、アメリカをはじめ、いかなる国も軍隊への志願者が少なくて苦労しているが、ナチスはデザインを重視して多くの若者をたやすくリクルートすることに成功したのである。

現代でも同様だが、若い層に人気のない集団に未来はない。これは単に、支持層が老化し、死亡して数が減っていくという問題だけではない。集団の活力の問題なのである。人間は年をとればとるほど現実的になり、組織への忠誠度は低下して、自分の利益だけに注力するようになる。情熱的に行動することより、腕をこまぬいて傍観するようになり、熱い感性より、冷たい理性が心を支配するようになる。理想のために自らを犠牲にすることはできなくなって、保身で頭がいっぱいになる。したがって、若者の心をとらえられない集団は、組織的にエネルギーの不足した集団になっていく。それは会社でも政治勢力でも同じで、より若い支持者を捉えている他の集団に行動力で劣勢にならざるを得ない。そのような集団の衰退は、決して将来の話ではなくて、今もすでに進行しているのだ。

ヒトラーが最初から意図したかどうかは分からないが、彼は怒りを大衆に植えつけることで、血気盛んな若者たちの間で爆発的な人気を得た。

その結果、ナチ党が拡大する過程で多くの若者たちが志願して、ナチスの急激な勢力拡大に大きく貢献した。よく考えて見れば、ナチスが開発したものは全て、若い男性にアピールする要素を持っている。最高に男らしく魅力的な制服、強烈な赤色をベースに黒と白でデザインされた力強くすっきりとしたナチス旗、崇高ささえ感じさせるローマ式敬礼法など、すべてが若い男性の血を騒がすものだった。

政治でも会社組織でも、メンバーの年齢が高い組織は、円熟だがエネルギーのない組織になってしまう。ある「運動」の拡大を成功させようとするなら、必ず若い層を中心に拡大させなければならない。中高年層を中心とする運動は拡大することができずに、結局はうやむやになってしまう。

＊豆知識：ナチス親衛隊（SS）とナチス突撃隊（SA）

ナチス親衛隊（SS：Schutzstaffel の略）は軍隊ではなく総統であるヒトラーの個人警備隊である。ナチス突撃隊（SA：Sturmabteilung の略）から分かれた組織だ。

ヒトラーが政権を握った当時のドイツ社会は、紙幣をバケツで運ぶほどのインフレ状態で若者の半数は職がないという最悪の混乱期だった。そんな状況下、民主的政権である中央政府は無力で何もできなかった。一方で、共産主義者などの新興勢力が権力を握るために抗争していた。

ナチス突撃隊は、当時街に溢れていた若年失業者を集めて、共産主義者などの反対勢力

武装親衛隊（©Bundesarchiv, Bild 102-04458A / Georg Pahl）

突撃隊の行進

を押さえ付けた暴力組織である。当時のドイツは、一政党がそんな暴力団まで作って動員できるほど、無秩序な社会だった。無力な失業者にとっては、三度の食事を出してくれるこの集団に入るのを断る理由はなかった。

ヒトラーが政権を取った１９３３年には突撃隊は２００万人にまで増え、正規軍の20倍を超える数にまでなった。しかし、突撃隊は、路上でユダヤ人を暴行するなどの過激な行動で問題になり、そういう度を越した行動は正規軍や資本家から顰蹙《ひんしゅく》を買った。

正規軍と資本家の支持を受けるためにヒトラーは、１９３４年、親衛隊を使ってエルンスト・レーム（Ernst Julius Röhm）以下突撃隊の幹部を粛清した（「長いナイフの夜事件」）。このようにして突撃隊を強制解散させたヒトラーは軍部から信任を得るのに成功した。

ヒトラーは、入団条件の厳しかった親衛隊を忠誠なエリート組織として育てた。彼らはヒトラーの警護、強制収容所の管理、正規軍と共に戦闘に参加する任務、警察業務などを遂行した。秘密警察として知られているゲシュタポ（Gestapo）も親衛隊の一組織で、主にユダヤ人や共産主義者に対する弾圧、知識人や労働運動の活動家へのテロ行為などを実行して、社会の恐怖的雰囲気を醸成する役割を果たした。

武装親衛隊（Waffen SS）は、ヒトラーが既存の親衛隊（SS）を10万人以上に改編して作った組織で、陸海空軍といっしょに戦う第4軍と認められた。

37　実際のヒトラーの演説内容

ヒトラーの演説がどのようなものだったのかを理解するために、1933年5月1日の演説を分析してみたい。
ヒトラーはメーデー、つまり本来5月1日が持つ労働者の日として意味を、民族共同体の話にすり替えている。

5月が来ました。ドイツ歌曲にもある言葉です。昔から5月の初日はただ春が来たということを象徴するだけではなかったのです。この日は喜びの日で、祭りの雰囲気に染まった日でもありました。ところが時を経て、希望に満ちあふれるはずのこの楽しい日は、不和と内輪の諍いの日に歪曲されました。一時、我が民族を捉えた教理（注：共産主義を言う）は、万物が蘇り、春が確実に現れる日を、憎悪と不和、反目と恨みの日に変えようと企んだのです。この日は、我が民族の分裂をより大きくすることになったのです。

しかし、我が民族がひどい苦痛を受けた後に、自覚の時が訪れたのです。我が民族が深く考えることができ、お互いに団結することができる、そんな時間がやって来たのです。そして私たちは「5月が来ました」という昔の民謡を、今日、再び歌うことができるようになりました。我が民族に覚醒の時が訪れました。階級間の果てしない闘いと反目の象徴が、今、再び民族の大々的な統合と国家隆盛の象徴に変わったのです。


演説の導入部では、聴衆に好感を与えて関心を引くことが重要だ。

ヒトラーはこの点をよく理解していた。ヒトラーはその方法として、春が確実に訪れる5月1日の自然的な意味を語りながら演説を始めた。彼は、喜びと祭りの日でなければならないその日が、共産主義者によって階級闘争という不和と憎悪の日に変質してしまったと説明して聴衆の関心を引き出している。しかし覚醒の時が訪れ、また、この日が民族の団結と国家発展の象徴になったと語り、ドイツ民族の統合を唱え始めている。

Tip いつも主題は大衆の統合に移せ

ヒトラーは5月の自然的意味を、気づかれないよう、共産主義者に対する憎悪と民族の統合という主題にすり替えている。どんな話題で始めても、それは、
(1) 公共の敵に対する非難
(2) 大衆を統合する主題
に替えなければならない。

ヒトラーはその次の部分でドイツ民族が直面している厳しい現実を話して問題を唱える。彼はドイツ民族が瓦解した理由を説明した後、民族を再び団結して国民相互間の理解と信頼を回復しようと力説している。その後「労働を大事にして、労働者を尊敬しなさい！」というスローガンで演説の主題を提示する。

彼の演説の全体は次のように構成されている。

段落1：ドイツの過去の歴史への省察

段落2：ドイツ民族の新しい覚醒の必要性と労働の大切さ
段落3：ドイツ民族の現実に対する批判と問題提起
段落4：ドイツ民族が瓦解した原因
段落5：国民全体の団結への意志
段落6：国民全体の相互信頼の回復
段落7：各自の責任と役目の遂行
段落8：分裂から団結へ——団結意識の鼓舞
段落9：他人の役目への尊重
段落10：国民意識の鼓舞、民族の力と意志の結合
段落11：民族の一致団結、労働と生の意志の結合
段落12：ドイツ人のための国家建設
段落13：5月1日の意味？　階級闘争ではない国家の再建
段落14：新しい思想の鼓舞、民族のプライド回復
段落15：ドイツ民族の自覚の訴え
段落16：民族全体が結束しなければならない必然性
段落17：ドイツ民族の精神的力と団結

段落18：肉体労働の大切さ
段落19：共産主義根絶
段落20：職業に対する偏見廃止
段落21：肉体労働という言葉の意味の移り変わり
段落22：民主主義批判、多数決廃止
段落23：農業の大切さ
段落24：労働の創出を通して失業克服
段落25：救国の意志を鼓舞、民族の一致団結を強調
段落26：国難の克服への意志
段落27：民族の決然とした意志の提唱、主イエス・キリストに祝福を祈る

ヒトラーに悪魔的なイメージだけを抱く人は、意外と平凡な内容に当惑するかもしれない。演説を終わる時、イエス・キリストに祈ることまでしている。演説の内容もほとんどがいい話で、民主主義への批判とか民族主義の強調などを除けば、問題ないと思われる。要するに、演説の目次だけを見れば、そんなに悪人の演説には見えないのだ。

民族共同体の建設についての話は三つの段階に展開される。

ヒトラーは初めの部分（段落8と9）で民族構成員の間にある誤解を払拭してお互いに和合することを主張する。職業によって人を差別せず、すべての人がそれぞれ重要な役割を分担する民族共同体の一員だということを思い出そうと言っている。なんとも、いい話ではないか。

2番目の部分（段落10〜12）では5月1日の意味を反芻して民族の一致団結を訴える。国を再建するためにはドイツ民族の力が一か所に集まることが一番重要だと言って、そのためには内部の敵と戦わなければならないと言う。彼が言う「内部の敵」とは、マルクス主義を信奉する共産主義者など「ドイツ民族の分裂を企んでいる」すべての集団を言う。

13番目の段落でヒトラーは、今まで言ったことを整理しながら、5月1日を、民族の団結と国家再建の象徴と表現して国民に訴えている。

Tip 内部の敵を設定しろ

先にも述べたが、民衆を一致団結させるには公共の敵を作ることが重要だ。結束をより堅固にするには、敵は内部に隠れている少数勢力の一つに設定する方がいい。そうすれば、一般の人々がその勢力に同調するのをあらかじめ防止することができる。ヒトラーはここで、ドイツ国内の共産主義者を内部の敵だと罵っている。

民族共同体建設の3番目の段階（段落14～17）では、ドイツ民族全体が団結して外部の敵に民族の力を見せつけなければならないと強調する。彼は、国民の劣等意識を批判して新しい希望のメッセージを伝える。

このように民族共同体の建設について3段階の構想を話してから、ヒトラーは本論を仕上げる（段落18～24）。ヒトラーは、国民が国家に対して負うべき義務と、国家が国民にすることについて説明した後、肉体労働の大切さを強調して、「帝国勤労奉仕隊」を導入することを宣言する。また農家と勤労者を支援するための政策と失業者救済政策を公表する。

演説の仕上げ（段落25～27）は、それまでの話を総合して、ドイツに否定的な外部の見方に対決してドイツ民族が共に闘おうと話す。

最後に彼は、キリストにドイツ民族とドイツの未来への祝福を祈る。この過程で彼は、宗教的で厳かな雰囲気を醸し出して聴衆に崇高な感動を与える。

Tip 決定的瞬間、真面目な雰囲気を醸し出せ

ヒトラーは、演説の終わりを宗教的な雰囲気で飾って、自分が信仰心の篤《あつ》い真面目な指導者だというイメージを聴衆に植えつけている。

このように、決定的な瞬間にシリアスな雰囲気を出して、人々に指導者への信頼を植えつけなければならない。

マキャベリは『君主論』で、「君主は、必要な時には悪いことができる人間でなければならないが、また、良い人のように見えるという能力も必須である」と言っている。君主のパワーは国民の支持から生まれるわけだから、普遍的なモラルに訴えて多くの人にアピールする必要があるのだ。当初から突撃隊などの暴力集団を組織して活動したことからも分かるように、ヒトラーは最初から悪い人間であったかもしれないが、一般大衆に向かってはいつも善良な人間のように見せていた。

彼が演説の最後に主イエス・キリストに捧げる言葉を入れていることからも分かるように、指導者が大衆から支持を受けるためには、偽善的に行動する必要があるのだ。

ヒトラーの演説文には、表現を高めるためのさまざまなレトリック（修辞法）が使われている。次は彼の演説文の一部だ。

ドイツ民族は凄まじい苦しみを経験してきました。これはまるで我が民族が勤勉ではないからだと思われているのですが、絶対そうではありません。数百万の我が民族は昔のように一生懸命に働いています。数百万の農民は昔のように犂《すき》で田畑を耕しています。数百万の労働者は騒々しい工作機の前に立って労働しています。

数百万の我が民族は仕事をしています。しかし残りの数百万の国民は仕事をしたくてもすることができないです。数万の人々が自ら人生を終わらせました。彼らにとって人生はただ苦痛と貧困の連続のように思われたのです。彼らは生を来世に変えました。来世でのより良い境遇を夢見たのです。極端な苦痛と不幸が私たちに襲いかかってきました。そして私たちは自信を失うようになったのです。ただ絶望感だけでした。それについて私たちは訊きたいのです。一体どうしてこのようなことになったのでしょうか？

彼は、強調の効果を強めるために、「苦痛と貧困」、「苦痛と不幸」のように同義語を重ねて使用している。また「数百万」という単語は五回も出現するが、このような繰り返し表現は、語感をより強めるために使われている。「数百万の我が民族は仕事をしています。しかし残りの数百万の国民は仕事をしたくてもすることができないです。」のように、似たリズムを持った語句を組み合わせて文章を効果的に対比させている。否定的な事実をより感情的に表現するために婉曲法も使われている。「自ら人生を終わらせる」とか「生を来世に変える」などの自殺を表す表現がそれだ。これらの事例を見れば、彼の演説にいかに多様なレトリックが使われていたのかが分かる。

このようにヒトラーは、聴衆の感性に訴えるために、効果的で印象的な表現を使うように気を使ったのだ。

Tip　心を動かすレトリックを使え

大衆は理性よりも感性に引かれる。感性的な表現は、理路整然とした論理以上に重要なのだ。文学的なレトリックを使って、演説者の心をもっと効果的に伝えなければならない。

何かを強調したいなら、文言を繰り返す方法を使えばいい。何かを対比したいなら、同じようなリズム感を持った語句を組み合わせて使うのだ。

大衆の感性を刺激するなら直接的な表現より婉曲法を使う方がよい。直接的な表現は理性に訴えるが、間接的な表現は感性に届くからだ。


5月演説のような広い空間では聴衆との相互作用が弱くなって、演者と聴衆を結びつけることが難しくなる。ヒトラーはそんな短所を克服するために、対話式の文章を使っている。対話式の文章とは次の演説文に見られるものだ。


私たちが初めて帝国勤労奉仕隊の服務義務のアイデアを世の中に公表した時、死滅して行くマルクス主義の代表者たちは大騒ぎして、「これはプロレタリアに対する攻撃と同時に、労働に対する攻撃であり、労働者の生に対する攻撃だ」と言いました。

彼らはなぜこのように言ったのでしょうか？

皆さんは、それが労働に対する攻撃や労働者に対する攻撃ではないことをよくご存じでしょう。それは、ただ、力仕事は低級だという偏見に対する攻撃であるだけなのです。

私たちはこのような先入観をドイツから根絶するつもりです。今、多くの人々が力仕事の大切さを理解せずに生きているのです。私たちは、これから帝国勤労奉仕隊の服務義務を実行して、力仕事は恥ずかしいとか面子を失う仕事ではなく、むしろ他のすべての活動と同じく、真面目で正直に働く人に名誉を与える仕事だということが分かるようにするつもりです。

ここではヒトラーは、質問を提示して自分で答える形式で話している。このような表現は演説者と聴衆との距離を縮める役目をする。これは、まるでマルクス主義者とヒトラーの論争に聴衆が参加しているような感じにさせる。

問答式のレトリックを通して、聴衆は演説者のメッセージをただ聞いているのではなく、自ら考えているように感じられる。このようになれば、演説の内容はより大きな説得力で聴衆にアピールできるようになるのだ。

38 メディアを活用せよ

ヒトラーはメディアをうまく活用した天才的な扇動家だった。

彼の演説はラジオを通じてドイツ全土に中継された。１９３９年ごろにはドイツの全家庭の70％がラジオを所持しており、これは当時、世界的にも高水準の普及率であった。ちょうど人類の歴史で初めて、数百、数千の人々に同時に同じメッセージを伝えることができるようになった時代だったのだ。

また、彼らは映画もよく活用した。

「意志の勝利（Triumph des Willens、１９３４）」という映画がある。これはレニ・リーフェンシュタール（Leni Riefenstahl、１９０２〜２００３）監督の作品で、１９３４年ニュルンベルクで開かれたナチス全党大会を記録したドキュメンタリー映画である。現在でも多くの映画評論家や映画関係者によってさまざまな名場面が高く評価されてきた政治宣伝映画の最高傑作である。

映画「意志の勝利」を制作したレニ・リーフェンシュタール（左から２番目／©Bundesarchiv, Bild 152-42-31）

この映画の一つの場面では、次のように描写されている。

　１９３４年、ニュルンベルクのツェッペリンフェルト・スタジアム（Zeppelinfeld stadium）でナチスの全党大会が開かれる。数多くのサーチライトが幻想的なスペクタクルを演出する中で、誇大妄想に捉われた独裁者アドルフ・ヒトラーがまるで天から降臨する神のようなイメージで壇上に上がる。

　彼が力強く演説をする時、聴衆は一糸乱れぬ反応を見せ、狂乱状態になる。狂信的な宗教集団のようにヒトラーの一挙手一投足に沸き返る群衆。確信でいっぱいになった彼らのリーダーが吠えるようなジェスチャーをする時、無我の境地に至る。バックグラウンドにはワーグナーの躍動的なドイツ音楽が流れている。

　この映画はアドルフ・ヒトラーがニュルンベルクで開かれるナチ党の全国党大会に参加するため、飛行機に乗って来るシーンから始まるが、これはヒトラーが神のように降臨することを暗示している。

　ある映画評論家は次のように書いている。

「ヒトラーの到着、群衆たちの雲集、空全体を占める旗、洗練されたカメラワーク、ワーグナーの音楽、躍動的なジェスチャーと聴衆の反応など、この映画のすべての映像・編集テクニックは当代最高の芸術的境地に達している。特に編集のリズムはヒトラーと一体になったように、洗練美の極致を見せている」

　この映画の優れた撮影技術と卓越した編集感覚は当時の映画人たちに衝撃を与えた。その背景には、36台のカメラを含め当時としては最先端の装備と、120人の大規模スタッフなど、おびただしい投資があった。もちろん、このような全面的なサポートは、すべてナチスによるものだった。

「意志の勝利」は後代作られた多くの映画に影響を与えた。最も有名な例は、「スター・ウォーズ　エピソード4：新たなる希望」の最後のシーンで、ハン・ソロとルーク・スカイウォーカーがプリンセス・レイアから勲章を貰う場面である。このシーンの視覚的な演出は「意志の勝利」を模倣していて、バックグラウンドミュージックには同じ音楽を使っている。

「意志の勝利」がマスターピースとなったのは偶然ではない。ヒトラーは若い頃芸術家を志望していた人間らしくメディアに強い関心を持っていた。彼は芸術家としては失敗したが、自分の本業となった分野、つまり政治にメディアとかデザインを活用することには成功した。

彼はメディアに現れる自分のイメージに多くの関心を示した。彼は新聞に載った自分の写真を綿密に観察して、どうすれば自分の姿が立派に見えるかをいつも研究していた。ヒトラーはあまり堂々とした体格ではなかったが、写真では普段と違うイメージに見えた。背が高い方ではなかったし、肩は狭く、足は短くて細い方だった。しかしポスター上ではヒトラーは非常に堂々としていてハンサムな人物に見える。新聞、ニュース、映画などのすべての写真は、彼が最もハンサムに見えるように注意深く用意されたものだけが使われた。また、ヒトラーは近眼だったが、メガネをかけて撮った写真はほとんどない。彼はメガネをかけて撮った写真が自分のイメージを壊すのではないかと心配した。彼は何でもできる超人的な指導者というイメージを与えなければならなかったのだ。

「政治学の父」と呼ばれるマキャベリは、著書『君主論』で次のように述べている。

君主は、実際に善良である必要はないが、善良な人に見えるということが重要だ。賢明な君主は、慈悲深くて信義もあり、正直で信仰心も篤い、強い人のように見えなければならない。しかし、必要ならいつでも正反対の行動をとる用意がなければならない。

人間は非常に単純で、目の前の利益に惑わされて簡単に動く存在だ。したがって騙そうとすれば騙せる人はいくらでも見付けることができる。しかし彼らを騙すには上手に偽装することが必要だ。

（中略）

大部分の人はあなたの見かけだけを見ている。あなたの本当の姿が見える者はほんのわずかだ。そういう少数の人は、あなたの見かけだけを見て追従する大部分の人の見解に反対することはできない。

ヒトラーはマキャベリの理論と非常によく符合する君主だった。彼は自分の私生活を徹底して隠して神秘的なイメージを作り、よく演出された写真だけを国民が見るようにして「善良なように」見せることに成功した。彼は自分の正体を上手に隠してユダヤ人の財産を没収したり「人種掃除」のような残虐な行為を推進した。彼は普段は善良に見えたが、必要な時には、いくらでも悪いことができる君主だったのである。

Tip 善良に見せろ

マキャベリの教えをいつも心の中においておかなければならない。

リーダーは必ず「善良」に見えなければならない。

絶対多数の人々は善良で明るいイメージのリーダーを好む。したがって、もし政治的指導者が少しでも「暗い」あるいは「陰険な」イメージを持っていたら、決して国民的統合を成し遂げることはできない。

39 ビジュアルが大切だ

ヒトラーは、典型的なドイツ人とはまったく違って見える。彼の顔で一番目立つ特徴は短い口ひげで、これは滑稽に見えるかもしれないが、何度も鏡を見ながら大きさを調節して完成されたものだ。もちろん、このようなユニークな外見は、初めは人々に嘲笑された。人は彼を演劇俳優またはコメディアンのようだと思った。独特の口ひげをつけた彼の風貌と演劇的な足の運び、そして感情を制御できない興奮した演説などを人々は滑稽に思った。それでも、そういう個性のあるコンセプトが、無名時代から人々を引き付けた秘訣だということを忘れてはいけない。

ヒトラーは、人生は大勢の観客の前で続く演劇だと思っていた。彼は新しい服を着て大衆の前に出る前には、必ず写真を撮ってその姿を検証した。それほど彼は自分が人々にどんな風に見えるのかということに気を使った。

彼は「慈悲深い国民の総統」というイメージに見られることを望んだ。ヒトラーは権力

少女たちと歓談するヒトラー

を握った後も、決して贅沢をしていないということを見せたくて古いトレンチコートと平凡なナチ突撃隊員の服を着ていた。代わりに彼と同行する将校たちはできるだけ派手な服を着るようにした。むしろ将校たちと差別化されたつつましい身なりをすることで、総統は彼らとは「何か違う」という印象を与えた。「国民の近くにいる善良で慈悲深い指導者」というイメージを植えつけることに成功したのである。

ドイツの女性たちは、ナチ宣伝映画を通してヒトラーを敬慕するようになった。映画の中のヒトラーは、少女から花束を受けながら微笑んでいたり、膝の上に座った子供の頭を睦まじく撫でている。このようなイメージは中高年の女性だけでなく、若い女性までも魅了した。

ヒトラーとナチスは、このようにビジュアルで人々を魅了する優れた才能があった。彼らはトレードマークや洋服のデザイン、色の使用など美学的なデザインに優れた感覚を持ち、そして彼らの優れたデザイン感覚が人々を魅了させるのに重要な役目を果たした。ここにも、ヒトラーが画家としての成功を目指した美術学徒だったことが密接に関係している。

ヒトラーは美術学徒だった時代から建築物を描くことを楽しんだ。彼が若い頃に描いた絵には人物はほとんど登場しない。その一方、大規模な建築物はたくさん登場する。彼は権力を握った後、「再び取り返したドイツの栄光」を誇示するために、建築物の製作に燃えるようになった。

ヒトラーの総統官邸は訪問者を圧倒するほど雄大に作られた（建物の幅が400m）。彼は自分を訪ねてくる外国の高官たちが気後れするようにしたのである。その官邸に到着した人が総統執務室に行くには275メートルの長くて雄大なホールを通り抜けなければならず、訪問者がそのホールを通り抜ける頃には、自然と「ドイツ帝国の力」を実感するようになるのだった。そのホールの最後には、甚だ広くて派手な総統執務室があった。

しかしヒトラーは、普段、その執務室を使わなかった。その部屋は訪問者との約束がある時にだけ使われた。執務室の目的は、外国の使節にドイツ帝国の力を見せつけ圧倒させるためだけであった。

ナチスと言えばすぐに、カギ十字の黒いシンボルとヒトラーの口ひげ、そして独特のナチ式敬礼を思い出すほど、トレードマークの効果は強烈だ。その他にもローマ帝国を模倣した鷲《わし》のシンボル、赤い腕章、ダース・ベーダーを連想させるヘルメット、膝まである長靴、建物の壁に長く垂らした旗などが、ナチスの印象的なトレードマークとして記憶される。

ナチスのシンボルだった卍型の十字架は、ナチスの初期党員だったフリードリヒ・クロン（F.Krohn）が1920年5月、ナチ党の創立集会のために考案したものだ。ヒトラーはそのシンボルの力強い心理的効果を一目で見抜いて、それを党の象徴として電撃的に採択した。

また、ナチスのシンボルで外せないのは、ずばり「鷲」である。ヒトラーは各種の芸術雑誌と図書館の図案コーナーをくまなく探して鷲のデザインを発見し、党の象徴として使うようにした。鷲はローマ帝国の紋章でもあったので、ローマ帝国をモデルにした第三帝国の象徴としてもぴったりだった。

『ローマ人の物語』の著者である塩野七生《ななみ》氏は、自らのエッセー『男たちへ』で、ナチ将校服の美しさを褒め称える文章まで書いている。彼女によればナチ将校服は、男性をどのようにすれば一番素敵に見せることができるかを見抜いた軍服の最高の傑作で、元首の服装に赤色を使ったセンスまで、すべてのものが完璧なデザインだと主張している。

確かにナチスの軍服やヘルメットなどは格好いいので、映画での「格好いい悪役」とかプラモデルに好んで使われる。邪悪だが格好いい相手と戦うことほど男の子を魅了することはない。「インディ・ジョーンズ」シリーズをはじめとした幾多の映画で敵役として重用されており、実存した国の中で邪悪ながらも限りなく格好いい悪役という条件にぴったりなのはナチス以外にはない。

また、兜《カブト》を連想させる彼らのヘルメットは、シンプルな半球型の米軍のヘルメットに比べて、耳から首筋までを保護してくれる進歩したものだ。それほどナチの軍服は、その洗練さと機能性で他の軍服を圧倒する。そのせいか、今日でも世界のあちこちにナチス軍装マニアが大勢いる。ナチスのバッジなどを集めるコレクターもかなりいるし、コスプレでドイツ軍の服装は最も人気があるジャンルの一つである。

現在でもそうなのだから、当時のドイツの若者たちがナチ親衛隊になるためにどれほど大勢集まったかは、特に説明する必要はないであろう。

ナチスの軍服が格好よかったのは偶然ではない。ナチスの軍服は専門のデザイナーたちがデザインし、ヒューーゴ・ボス（HUGO BOSS）などの有名なファッションメーカーによって生産された。軍服というものは常に実用性が最重要視されるが、ナチスの軍服は実用性よりもスタイルを重視して作られた。

ドイツ軍の軍服は羊毛を使ったので通気性が悪く、戦闘中に汗だくになって、作りも複雑で製作費が増えて困ったと言われている。普通、軍服というものは通気性がよく、いろいろな装備を着用するのにも便利で、軽くて強い布地を使って製作される。そのパラダイムを捨てたのがドイツの軍服だった。

それでもナチスの軍服は格好よかったので軍人たちの羨望の的になって、それによって軍の士気が高まったことは無視することはできない。

「勝てばいいだろう」と思われがちな軍服でも、格好よさのために実用性を犠牲にする必要もある。ナチスは、軍服には軍人の精神が集約していると考えた。

実際に、格闘技のプライド（PRIDE）などの試合で柔道着を着て戦う選手がいるが、そんな服装は相手に捕まえられやすいので機能的には絶対によくない上に、柔道服は厚いから、そんな服を着て戦えばすぐに汗まみれになる。それに対して相手はプロレスのパンツみたいな服装で戦うから捕まえられるおそれもないし、涼しく戦うことができる。「柔道服のせいで負けた」という場合もあるはずだ。

それにもかかわらず柔道着を着て戦う理由は、明らかに精神的なことなのである。柔道着を着て戦う姿とプロレスのパンツで戦う姿は全く違う。柔道着を脱いで、レスリング服を着た瞬間、彼は柔道精神を捨てることになる。

このような例から、服装は、実用的な機能よりも精神的な機能が優先されるということが理解できるだろう。

日本の高校では、女子高生用の制服デザインに気を配っていると言われているが、その理由は、格好いい（または可愛い）制服の高校を多くの少女が志望するからだと言う。「進学のような大事なことを単に制服のデザインで決めるのはおかしい」と言っても、どの高校にも大した違いがないなら、できたら制服が格好いい学校に行きたいと思うのも理解できる。

ある出版社がセーラー服が好きな男性のオタクをターゲットにして、いろいろな高校の女生徒用制服を紹介する本を出版したことがある。意外にも、その本はセーラー服の好きな男性より、これから高校に進学予定の女子中学生たちに最も多く売れたという。彼女らは高校を選択する前にどの高校の制服が一番格好いいかを調べたかったのだ。

軍隊でも学校でも、制服の格好よさは絶対無視できない要素だ。ナチスは「格好いい制服を着て、母国のために戦いたい！」という若者たちの感性にうまくアピールしたのである。

もう一つ注目すべきことは、ヒトラーとナチスが、小物の使用に非常に巧みであったという点だ。特に彼らは、ヒトラーのイメージ作りのために、周りの人々を「小物」としてよく使った。

例えば、ヒトラーは強いリーダーのイメージだけではなく、優しく親しみやすいイメージで国民に知られたかった。そのためにヒトラーが使った方法は、子供や動物といっしょに写真を撮ることだった。それは慈悲深くて温かいイメージに見せる最上の方法だったので、後日、多くの政治家が真似るようになった。今日、政治家が子供を抱いて写真を撮る伝統は、ヒトラーが初めて作り出したのである。

また、ヒトラーは、部下たちに権威的で派手な身なりをさせて、自分は質素な服を着た。彼は派手な部下たちで自分を取り囲むことで自動的に権威を確保しただけでなく、権威のために派手な服を着る必要がないほどの力を持っているというメッセージを伝えることができた。

このように自分のイメージを作るために周りの人物との対比や調和を利用することは非常に効果的だ。自分のイメージを創出する時は、そばに置く小物、背景、人物などを注意深く選択するようにしなければならない。特に人物は他の小物よりずっと効果的に使うことができる。

素敵なビジュアルを考案しよう。人々の人気を集めるには、視覚的な効果ほど重要なことはないのだ。

Tip 強烈なボディーランゲージで心を捉えろ

「ハイル・ヒトラー」を叫んで右腕を高くあげるナチ式敬礼は、知らない人がいないほど有名だ。これは元々古代ローマ帝国で使われた敬礼をナチスが借用したのだ。

この姿勢の効果を知るために、読者も一度、真っ直ぐ立ってローマ式敬礼をやって見てほしい。何か運命的でシリアスな雰囲気があり、忠誠を誓うような神々しさまで感じることができる。要するに、このポーズは軍隊にすごく合うのだ。

ある時、ヒトラーは自分の軍隊が行進している時、車の上に立って、行進する兵士たちを右腕を上げて閲兵した。軍隊が行進している4時間の間、彼は毅然として腕を上げたまま微動だにしないで立っていた。周囲の人が、どうしてそんなことができたのか訊いた時、彼はこう答えた。

「意志の力だろう」

リーダーとして他人に好感を与える人物の映像を分析すれば、腕を体の外側に向けて開くジェスチャーが多い。手で自分の顔を触るとか、手で自分の体を揉むとか、体をす

右腕を上げて閲兵するヒトラー

くめる癖がある人が指導者になる可能性は、ラクダが針の目を通り抜けるほど難しい。そんなジェスチャーでは、誰にもアピールすることができないからだ。

ボディーランゲージとジェスチャーは、あなたが考えているよりずっと重要だ。

ヒトラーはボディーランゲージが上手かった。彼は演説する時、熱情的にジェスチャーを駆使した。人々は彼のジェスチャーが、時には優雅で、時には力にあふれていたと回想する。ヒトラーは演説の最中、興奮して拳で演壇を叩きつけた。彼が演説に陶酔したまま何か神々しいことを言う時には、頭を後ろに反らし、両腕を斜め前に伸ばして地面を指し示した。それは演説家自身が自ずから陶酔したことを見せるポーズだった。

ヒトラーは自分の部屋で鏡を見ながら、さまざまな身振りやジェスチャーをいつも練習していた。特に当時のコメディアン、ヴァイス・フェルドゥル（Weiss Ferdl、1883~1949）の演技技法と話法を集中的に模倣して研究した。ヒトラーは声帯模写にもすぐれ、群衆を楽しませてくれた。彼の政治集会は一種の演劇パフォーマンスのようで、当初、人々は彼の演説を政治的共感ではなくただ楽しむために見に行った。そんな人々がヒトラーの言葉をだんだんと真剣に受け入れるようになったのは実に面白い事実である。

ボディーランゲージは記憶によく残り、人々の興味を刺激する。演劇のような強烈なボディーランゲージで人々を捉えなければならない。有名な俳優を模倣して、自分だけの効果的なボディーランゲージを開発するのだ。いつも他人に好印象を与えて、魅力的なボディーランゲージを身につけるのだ。

40 大衆は愚かである

ナチスの宣伝技術の前提となる最も重要なことは、「大衆は愚昧だ」という命題だ。ヒトラーは大衆を過大評価しなかった。むしろ彼は大衆を見下す方だった。そのようなヒトラーの態度は、どうして彼が数千万の人々を自分の意のままに動かすことができたのかを知る、一番重要な鍵である。

人間は他人と離れて独りでいる時にはそれなりに理性的な判断をするが、多くの人が集まって群れを成せば、その行動様式は理性的な判断より単純な感情に傾くようになる。また知覚能力も非常に単純になって、扇動家が示したことをそのまま信じるようになる。それがたとえ粗雑な演出で見せられたとしても、そのトリックを見破ることができる人は少数に過ぎない。そして少数の意見は、目の前に見えることを単純に信じてしまう絶対多数の意見に埋もれてしまうのだ。

ヒトラーはとっくにこの事実を看破していた。彼の著書『わが闘争』には、大衆がいかに愚かで操りやすい存在なのかが何回も記述されている。

大衆の受容能力は非常に限られており、理解力は小さいが、そのかわりに忘却力は大きい。この事実からすべて効果的な宣伝は、重点をうんと制限して、そしてこれをスローガンのように利用し、その言葉によって、目的としたものが最後の一人にまで思い浮かべることができるように継続的に行われなければならない。大衆は提供された素材を消化することも、記憶しておくこともできないからだ。

また、大衆の思考は二分的で単純だ。そんな単純さに訴えるのが彼らを説得する最も強力な方法だ。ヒトラーはこうも言った。

大衆の圧倒的多数は、冷静な熟慮でなく、むしろ感情的な感覚で考えや行動を決めるという、女性的な素質と態度を持っている。だが、この感情は複雑なものではなく、非常に単純で閉鎖的なものなのだ。そこには、物事の差異を識別するのではなく、肯定か否定か、愛か憎しみか、正義か悪か、真実か嘘かだけが存在するのであり、半分は正しく、半分は違うなどということは決してあり得ないのである。

このように大衆の意見は、中道を守るよりはどちらか一つの意見に傾く場合が圧倒的に多い。

では、どうすれば大衆を扇動できるのか。答えは単純だ。扇動家の論理は必ず両極端的でなければならない。

ヒトラーはある事実は強調しつつ、ある事実は縮小して略して語るようにし、大衆が自分の主張に同意するように誘導した。同じ事実でも、どう歪曲するかによって、意見が傾く方向を決めることができる。

Tip 二分法的な論理を広げろ

大衆の意見は中庸を好まない。彼らがついて来るようにするには、均衡のとれた論理より二分法的な論理を使う方が有効だ。中道的な論理は大衆の理性に訴えるのだが、二分法的で極端な論理は大衆の感性に訴えるからだ。

たとえば、貧富の差が広がって多くの国民が文字どおり飢え死にしている国で、「これから徐々に社会を改革して、各種の福祉制度を用意し、約50年後からは国民みんながが恩恵を受けられるように努力します」

というように話したのでは、誰も支持しないだろう。実はこの方法はスウェーデンの福祉改革の方法なのだが、怒っている人々にそんなのんきな話をしても効果はないはずだ。不満が爆発寸前の大衆には、

「資本家の富を全部奪って、みんなが平等な労働者の世界を創造しよう！」

と叫ぶアジテーターが人気を集めるだろう。極端な状況に置かれている大衆は極端な解決策を必要とするのだ。


ヒトラーの演説文は部分的には優れたレトリックが使われたが、全体を見ればあまり精巧でもない粗雑な構成だった。すでに話した言葉を別の言い方でずっと繰り返すだけだった。彼は、知的レベルが最も低い人々でも理解できる単純なスローガンが非常に効果的だということを知っていた。

言葉は、繰り返されれば繰り返されるほど人の頭の中に強く刻印される。圧倒的多数の愚昧な民衆が一方の方向に動くようになれば、知識人もその動きに押し流されるしかないということを彼はよく理解していた。

ヒトラーの演説が効果的だったのは、話す要点をいくつかに絞り、それを大げさなパフォーマンスで繰り返して、大衆の心に刻みつけたからだ。

Tip 要点をいくつかに絞って繰り返せ

要点をいくつかに絞って、それを多様な方式で繰り返す。繰り返しが単調にならないように多様な演出でバリエーションを作る。

一つの要点を一つの文章だけで言い終えても、誰の記憶にも残らない。言いたいことが一つあれば、これをいろいろな表現と多様な事例で、聴衆の中の最も愚かな人にまで分かるように語るのだ。

これはちょうど今日のハリウッド映画のようである。典型的なハリウッド映画を見れば、プロットは小学生でも分かるように単純な代わりに、それを多様な演出と特殊効果で見せて観客を喜ばせる。

これは賢明な映画好きには魅力的ではないかもしれないが、大多数の愚昧な観客には充分楽しさを与えることができる方式だ。

彼の演説は、その性格によって短い時もあれば長い時もあった。

特に短い演説は、より力強い説得力を持っていた。彼の言葉はいくつかの明確なメッセージだけで構成され、確固たる論理で裏付けられていた。

演説が長くなる時は、一度話したことを別の言い方で繰り返すことが多かったが、照明や旗などをたくさん使った芸術的な舞台装置と、彼の独特のパフォーマンスなどで聴衆は退屈さを感じることはなかった。特に大規模集会では空を覆うほどの巨大なナチ旗と軍隊マーチ、花火などで雰囲気はますます高まり、聴衆は完全にヒトラーの主張に同調したのだ。

41 任務型戦術（Mission-type tactics）

ヒトラーは細かいことに干渉するリーダーではなかった。彼は全体的な目標だけを立てて、残りは部下たちが各自の判断で実行するように放っておいた。これをミッション・タイプ・タクティクス（Mission-type tactics、ドイツ語で Auftragstaktik）と呼ぶ。ミッション・タイプ・タクティクスとは、19世紀にドイツで開発された戦術の一つである。翻訳すると「任務型戦術」になるだろう。

「任務型戦術」とは任務、つまり目標だけを与えてその方法については全権を委任することを意味する。「命令形戦術」の反対概念である。

任務型戦術では、上官が部下に任務を与えれば、部下は自分の動員できるすべての手段を使って任務を果たす。ナチスドイツ軍はロボットのように上司の命令にだけ従ったという通念があるが、それはまったく事実と異なる。ドイツ軍将校は、任務を遂行する際、自由に主導権を取ることができたのだ。それが第二次大戦初期の戦いで、ドイツ軍が破竹の勢いで進軍することができた秘訣なのである。

任務型戦術の担い手は、兵士ではなく、小隊長から将軍までの将校たちだ。任務型戦術では多くの権限が委任されるので、能力の劣る将校が現場を指揮していれば逆に災いになる。軍隊が任務型戦術を成功させるには、将校としてのエリートを必ず必要とするのだ。

ナチスは将校に高額な給与を払っていたので、将校は誰もが羨望する職業だった。そのため、優れたエリートをたくさん軍隊にリクルートすることができた。

反面、イギリスやフランス、ソ連などの連合軍は、優れた将校が不当な処遇に不満を持ってリタイアすることが頻発した。第二次大戦の初期はこんな状況だったので連合軍が苦戦するのも当然だったかもしれない。

任務型戦術の最も重要な前提は、優秀なスタッフが存在することだ。もちろん指揮官の決断力や、よく訓練された兵士も重要だが、指揮官の指導力とよく訓練された兵士だけで戦闘に勝てるほど現代の戦争は単純ではない。特に重要な決定を現場の指揮官に任せる任務型戦術では、指揮官は優秀な作戦参謀スタッフにサポートされなければならない。

要するに、現場の状況を科学的に分析して、最も有利な戦略を導き出すのが作戦参謀の使命である。指揮官はそんな参謀たちの「研究結果」を見て、それを各部隊に命令として伝え、忠実に実行する役割を担うのだ。

勝利した戦争では、指揮官だけがスポットライトを浴びたり、勇ましく戦った兵士のストーリーが語られたりするが、データを分析して作戦を立てる参謀の役割はほとんど知られることはない。作戦参謀の役割は勇敢に戦う兵士や格好よく命令する指揮官のように魅力的には見えないからかもしれないが、任務型戦術では彼らが要なのである。

ヒトラーは部下同士の反目や葛藤もそのまま放任していた。極端な場合、部下たちの競争をそそのかすこともあった。宣伝長官ゲッベルス（Paul Joseph Goebbels）、外相リッベントロップ（Joachim von Ribbentrop）、親衛隊大将ヒムラー（Heinrich Himmler）、軍需長官シュペーア（Albert Speer）はお互いにいがみ合う関係だった。

こんな状況は普通ちょっとまずいのだが、部下たちのそうした関係は、ヒトラーが権力を維持するのに役立った。部下の間に敵対的な派閥を作って自分はその仲裁者になり、自然に権威を獲得することができたからだ。

ヒトラーの部下たちがライバル関係にあったのは任務型戦術の結果かもしれない。

部下たちに大きな権限が委任されるということは、彼らの権力への欲望を刺激することにもなった。これは見方によっては、組織が分裂する危険もあるが、逆にメンバー同士のライバル意識を刺激していい結果を残すという長所もある。病気になるほどの酷いストレスは役に立たないが、適度なプレッシャー、つまり「あいつには絶対負けたくない」という程度のライバル意識は任務を果たすために役に立つ。

優れた将校たちが、競い合って自分に任されたミッションを果たそうと努力したので、当初の戦いを勝利に導いたのは当然かもしれない。


ヒトラーは、大戦初期には任務型戦術の重要性がよく分かっていたのだが、戦争が進むにつれて、初心を忘れるようになった。戦況が不利になると、ドイツ軍に勝利をもたらしていた任務型戦術の原則さえ忘れ、将校たちの指揮にことあるごとに干渉した。彼は、初期の勝利が、現場の司令官に最大限の裁量権を与えたからだということを忘れたのだ。

「孫子の兵法」の中で、君主が戦場の事情を把握しないまま実情に合わない命令を下すことは敗北の兆候だとある。戦地の状況を最もよく分かっているのは現場の司令官なので、君主が誤った命令を下す時には命令に逆らうこともできるとも説いている。

第二次世界大戦ほどの戦争で勝利するには、権限の委任が非常に重要なのだ。

ヒトラーは、戦況が不利になればなるほど細かいことまで干渉するちっぽけなリーダーになっていった。彼の干渉は、逆に、ドイツの戦況をさらに悪くするだけだった。

戦況が不利になるほど優秀な人を登用して権限を委譲することが重要だが、残念ながら、そのような采配を振るえる肝のすわった指導者はあまりいない。

企業でも、業績が悪くなった時、経営者が新しい規定を作って社員の自由を奪う場合がある。しかし、それは逆に社員の士気を落とすことになって、組織の柔軟性を低下させることになる。

Tip ヒトラーの初期成功の秘訣＝任務型戦術

任務型戦術とは、部下に命令を下す時、遂行しなければならない目標だけを指示して、具体的な取り組みは実務者に全面的に任せる方式だ。

ヒトラーは本来細かいことに気を使うリーダーではなかった。だから任務を与えられた将校たちはいくらでも裁量権を行使することができた。ドイツ軍が任務型戦術で戦っていた間は一方的に勝利していたが、ヒトラーがだんだんと細かいことまで指図するようになってからは、戦況が不利になっていった。

これは企業でも同じである。経営者が思わしくない時、経営者が焦って社員の業務に細かい口出しをすれば、状況はより悪化する。悪い原因は、社員が遊んでいるからでなく、会社の戦略にあるのかもしれないのだ。

たとえば、売り上げが減っているのは会社全体の問題ではなく、企画部だけの問題かもしれない。企画部が売れない商品を企画して売ろうとしているのかもしれない。このような場合は、もっと有能な人材を雇って企画部のリーダーにするのが最適である。

根本的な原因を分析せずに、社員の勤務をより厳しくしたり、社員の実務にいちいち口出ししたりすれば、優秀なスタッフのプライドを傷つけることになる。

業績の悪いチームのリーダーを変えるだけで簡単に解決できる問題を、解決どころか、問題のない他のチームの士気まで低下させることになるのだ。

状況が不利になると、任務型戦術を諦めたい誘惑に陥りやすい。しかし、問題のあるチームを正確に選別してリーダーを替えさえすれば、問題は簡単に解決できる場合が多い。

「任務型戦術」は、戦況が不利な時にも有効な戦略である。もちろん、それには優秀なスタッフの存在が大前提である。

42　大衆は感情的にさせ、自分は理性的になれ

政治家は二種類の支持者を必要とする。一つは一般大衆で、もう一つは資本家だ。どんなに一般大衆の人気を集めても、資本家を敵に回せば政治家として成功することはできない。

今日の南米や中東で、そのようなケースがよく見られる。国民からは人気を集めているが西洋の資本家を敵にして経済的に制裁されるとか、甚だしくは暗殺されたりして悲惨な結果を招く政治家もある。その失敗の理由は、資本家を自分の味方にすることができなかったからだ。

では、資本家をあなたの味方にするには、どうすればいいのだろう。

これまで一般大衆を扇動する方法として、「理性ではなく、感性に訴える」「メディアを使って洗脳する」「最も愚かな人でも分かるように繰り返す」などの原則を説明してきた。

しかし、資本家を扇動するには、これまでの原則では通用しない。

彼らは非常に賢い人たちだ。

あまり利口ではない人でも財布を開けてお金を支払う段になれば、少しは考えるようになる。つまり、自分のお金を使う時には誰でも少しは理性的になるものだ。

もちろん一般大衆の中には、テレビ通販番組を見て不要なものまで買ってしまう人や、宝くじを買って当たりを願うような人もいる。しかし、たとえそのような人でも、家を買う時や自動車を買う時には、大金なので理性的に考える。

一般大衆でもそうなのだから、巨額の資金を投資する資本家は、常に理性的である。資本家に一般大衆の愚かさを期待するのは無理だ。彼らはテレビ通販番組を見ても、自分で買うより、テレビ通販番組そのものを制作して金を儲けることを考える。

彼らはメディアさえ見たとおり信じることはない。同じ刺激に対しても、資本家は一般大衆とは完全に違う反応を見せる。

たとえば、ニュースで9・11テロを見ても、一般大衆なら「これは大変だ！　戦争でも起こるのではないか。どうしよう」と感情的に反応するが、資本家は「これは大事故だが、相手が米国に比べて弱すぎるから長期的には大した問題ではない。この事故で株価はかなり下がるがすぐに回復するだろう。今、株をたくさん買っておけば儲かるはずだ」というように考える。

資本家はいつも自分の利益を中心に、理性的に考える利口な人々だ。

優れた扇動家の考え方は資本家の考え方と似ている。

扇動家は自分のイメージを庶民的に見せるために偽装するが、庶民的に見せる外見はただのショーマンシップに過ぎない。大衆は騙される人々だが、扇動家は騙す人なのだ。だから、大衆と扇動家の考えに根本的な違いがあるのは当たり前かもしれない。

扇動される大衆は理性を失って熱い感情に包み込まれる反面、大衆を扇動する扇動家は冷たい理性で彼らをコントロールする。ヒトラーはちょうどそんな扇動家だったのだ。

ヒトラーのユダヤ人弾圧は、怒りと狂気に捉われて行われたのではない。現在の私たちには、ヒトラーがユダヤ人に対して狂気的な怒りを抱いていた人物だと思われるが、それは事実ではない。ヒトラーには個人的に親しかったユダヤ人もいて、他のドイツ人たちより特にユダヤ人が嫌いなわけでもなかった。

ユダヤ人弾圧は、その政策で得られる金銭的利益のために行われたのだ。ヒトラーが権力を握る前のドイツは、他のヨーロッパ諸国に比べてユダヤ人が活動しやすい場所だったので、彼らの経済活動も非常に活発だった。

当時、ドイツの国富の40％を人口比で３％に過ぎないユダヤ人たちが占有していた。したがって、彼らの財産を取り上げることができれば、軍需産業に必要な莫大な資金を調達することができた。ヒトラーがユダヤ人を弾圧した理由には、このような緻密な計算があったのだ。

つまり、彼は、現在私たちが考えているほどユダヤ人に怒りを持っている人物ではなかった。単に一般のドイツ人の反ユダヤ感情を利用しただけだったのだ。

演説で見せた彼の感情的な姿は、大衆の感情的反応を誘導するための演技に過ぎない。演説の前に徹底した準備をしたことや、口ひげの長さを綿密に調節したことから分かるように、彼は常に理性的で計算ずくの人間だった。ちょうど映画俳優が演技に没頭するように、彼も演説の最中は普段の自分とは違う姿を演じただけだったのだ。

ヒトラーがどれほど利口で理性的な人間だったかは、彼がどれほど多くの企業家たちから援助を受けるようになったかを見れば明らかだ。

ヒトラーの勢力が広がったのは大衆からの支持だけでなく、ヨーロッパとアメリカの企業家たちからの金銭的なサポートがあったからだ。どんな政治的運動も金を必要とする。これには、企業家の利害関係を利用して理性的にアピールしなければならない。

ヒトラーに投資したのは、主に近隣のヨーロッパ諸国の大銀行や企業家で、ドイツ国内の企業家はあまりいなかったことが分かっている。ヒトラーに資金を援助した人々の中にはアメリカのウォール街で活躍する人々もいた。

つまり、ヨーロッパを含む世界各国の資本家たちが、権力を握ったこともない素人政治家のヒトラーに投資をして、彼が選挙で勝つのを手伝ったということだ。どうして、そんなことが可能だったのだろうか。

彼は、ここでも自分の演説を武器に使った。彼は選挙を控えた1933年2月、企業家が集まる場所で延々と2時間半に亘《わた》って演説をした。

彼は、自分が選挙で敗れて共産主義者が権力を握れば、ヨーロッパ全体が共産主義化される危険性があると主張した。企業家にとって、それ以上に恐ろしいことはなかったのだ。

私たちが共産主義者を必要としないという言葉だけでは不足なようです。もし私たちが古い政治的伝統に従うようになったら、私たちに残るのは滅亡だけです。指導者が人々を導くこと以上のビジョンを見せるのは非常に重要なことです。

私は病院に横になりながらも（注：彼は第一次世界大戦で負傷して入院したことがある）、誰かがドイツ再建のために、新しい理想を提示しなければならないということが分かりました。私は、その理想を民族主義の中に、そして国家間の非妥協主義の中に探しました。私たちは、次の選挙を控えています。

（中略）

これからは二つの可能性があります。憲法という美名の下で、敵方に押しかけて彼らに同調するのか、この選挙で私たちを支持するかなのです。

この演説の要旨は、ヨーロッパは共産化される危機に瀕しているが、自分はそれに反対する人間であり、選挙に勝利さえすれば、それを抑える自信があるということだった。

演説は非常に効果的だった。なぜなら、当時のヨーロッパには、ロシアの影響で共産主義が急速に広まっており、ヨーロッパの資本家にとっては、前例のない脅威だったのだ。

要するに、ドイツは西ヨーロッパと東ヨーロッパの間に位置する国だから、ドイツに強力な反共政権が成立すれば、ロシアからの共産化のドミノに対抗して西ヨーロッパを保護することができると思わせたのだ。ヒトラーは、資本家に何をアピールすればいいのかを、正確に理解していたのだった。

ヒトラーが演説を終えると、企業家たちは３００万マルクという大量の基金を用意する意思を表明した。その基金はヒトラーが権力を握るためには充分すぎる資金だった。そして、選挙後にもまだ60万マルクぐらい残っているほどの大金だった。

企業家が彼に政治資金を投資したのは、彼が権力を握った場合、ドイツで行使することができる莫大な政治的影響力と金銭的利権のためだった。中でもヴィルヘルム・ケプラー（Wilhelm Keppler）という人物は、ヒトラーの政治的可能性を見越して1931年から彼と親密な関係を結ぶようになった。ケプラーはヒトラーの会計部門のアドバイザーになっただけでなく、ヒトラーを支持する企業人を集めて「友人の集い」という組織を結成した。

また、ヘンリー・フォードは、ヒトラーに多くの政治資金を援助した企業人として有名である。彼は、すでにヒトラーの野望に気づいていたが、それにもかかわらず彼を援助した。彼はヒトラーがドイツを支配しても自分の企業が保護されることを保障されただけでなく、戦争中の軍需品の生産でも莫大な利益を受け取ることができた。

ヒトラーは、ヘンリー・フォードを自分の大事な後援者として、執務室の壁にフォードの写真を掛けておくほどだったと言われている。

ヒトラーの事例から分かるように、有能なリーダーになろうと思えば、心強い「金づる」が必要だ。このようにしようとすれば経済的な後援者たちの利害関係を利口に利用することができなければならない。

ヒトラーは共産主義に反対する政策を掲げて企業家から援助をもらうことができた。もし、ヒトラーが共産主義者なら、いかに彼が弁舌に優れていても、企業家の支援を受けることはできなかっただろう。

扇動家が大衆を熱狂させるのは当たり前で、扇動家自らが感情的になることはない。扇動家の感情はあくまで演技に過ぎない。優れた扇動者は、大衆は感情的にして、自分だけは理性的に大衆を操作するのだ。

これは、恋愛においても言える。異性を誘惑することが得意な人間は、絶対、自分が恋に落ちることはない。

Tip 資本家は感性ではなく理性で動かせ

力のない大衆を扇動するだけではなく、重要なのは、金と権力を独占している人々を動かすことである。

既得権を持つ人たちは、名分ではなく実利だけで動くということを銘記しなければならない。

彼らは大衆とは違って冷静な理性によって行動する。既得権階級は、自分たちの利益に影響する確かな理由がなければ変化を企てることはない。特別な理由がなければ、現在の状態を維持する方が有利だということが分かっているからだ。

既得権を持つ人たちを動かすことができる最も確かな動機は、次の二つである。

1. 彼らの財産に対する脅威
2. 彼らがより財産を蓄積できる機会

ヒトラーは、この二つの動機を上手く組み合わせて提示したのだ。

既得権階級を動かしたければ、彼らが得られる利益を明確に提示しなければならない。

43 騙す人と騙される人

この世界には二種類の人間がいる。騙す人と騙される人だ。

資本家は騙す人で、一般大衆は騙される人だ。扇動家は騙す人で、大衆は騙される人だ。騙す人はメディアを使って自分に有利なことだけを見せて大衆を洗脳する。

一般大衆を洗脳するだけで、驚くほど危険で非常識な行動をさせることもできる。テロ組織に洗脳された若者が敵に対して自爆攻撃をするとか、インチキ宗教に洗脳された信者が都心に毒ガス攻撃を仕掛けるとか、国家に洗脳された若者が外国に派兵されて勇ましく人々の命を奪うなどは、洗脳が成功した代表的な事例だ。

これを見て「国家がテロ組織やインチキ宗教と同じだと言うのか！」と怒る人がいるかもしれない。もちろん、現在の民主主義国家は、国民に役立つ存在である一方で、武器商人という名の資本家が自分の利益のために政治的な影響力を行使して戦争を起こし、国家の「聖なるイメージ」で若者を洗脳して利用するケースも頻発している。

一たび戦争が起きれば、軍需会社の株主は天文学的な金を儲けることができるが、一般大衆は何も得ることはできない。むしろ、自分の息子が戦地に派遣されて命を失ったり、社会不安のせいで景気が悪くなったり、最悪の場合は、敵の空襲で家族が殺される可能性だってある。

それにもかかわらず多くの若者が戦争に賛同して、理由も分からないまま快く軍隊に志願して「国家のために」戦うことを望む。

このように、騙される人は自分の利益を考えるのではなく、ただ感情的に行動するのだ。敵に対する怒り、抽象的な愛国心、宗教団体によって植えつけられた信仰心など、すべては一般の人々が、自分の利益に反することを喜んで行うように考案された洗脳テクニックの核心、つまり「ドグマ」なのである。

資本家のほとんどは、どんなドグマにも簡単には騙されない人々である。彼らは自分の利益を優先し、自由に考える。

彼らは心ならず他人を騙すこともある。たとえば、あなたが喫茶店の店主で、メニューを分かりやすくするために、ジュースは全て400円で売っているとする。

価格は同じだが、ストロベリージュースは原価が200円、キウイジュースは原価が

300円だとする。ストロベリージュースを売れば200円儲かるが、キウイジュースを売っても100円しか儲からない。そんな状況で、お客が「どっちが美味しいですか？お奨めはどっち？」と訊いたとしたら、あなたが勧めるのは、ストロベリージュースか、それともキウイジュースか。

喫茶店のような小さな店の主人でもそうなのだから、巨額の資金を動かす大財閥の資本家はどうだろう。人々を騙すことも当然だと思うようになるのではないだろうか。

実際に資本家のモラルは一般市民のモラルとはまったく異なっている。ちょうど草食動物を食う肉食動物のように、他人を食べるのが当然な世界に住んでいるのだから、必要な時には何でもしようと思うのが資本家の本質だ。

彼らのモラルは一般市民のモラルでは絶対理解できない。利益のためには、他の国で人がいくら死のうともかまわないと考える資本家は、どこにでもいる。

第二次大戦前のヘンリー・フォードがそんな企業家の一人だった。彼は、ヒトラーがユダヤ人にどんなことをするつもりかがよく分かっていたのに、ヒトラーを全面的に支援した。

今日の私たちは、ヘンリー・フォードに「自動車産業の父」として偉人の一人のようなイメージを持っているが、彼は、反ユダヤ主義の新聞まで発行するほどユダヤ人を憎悪した人物で、ヒトラーから勲章まで貰うほどナチスに多くの資金を援助した親ナチス派の企業家だった。

ヒトラーとヘンリー・フォードのように、資本家と政治家が協力し合うことは、今日でもたくさんある。

彼らはみんな、利害関係には鋭い感覚を持っていて、互いに騙すのは難しいということを知っている。その一方で、いっしょに協力すれば大衆をうまく騙して権力と経済的な利益をすべて独占できるということも分かっている。資本家と政治家が結託する理由は、彼らがお互いに似ている人たちだからでもある。

今も、社会の食物連鎖の頂点にいる人々は、一般大衆を洗脳する方法をいつも研究している。あなたも、彼らが勝手に作った何らかのドグマに洗脳されているかもしれない。

あなたがヒトラーの大衆扇動術をマスターするためには、その前に、あなたを支配しているすべてのドグマから解放されなければならない。

あなたが社会のリーダーになりたいと思うなら、彼らのように、本音と建前を徹底して分離しなければならない。

44 ヒトラーの没落

これまでヒトラーが成功した原因を調べてきたが、最後にヒトラーが結局失敗してしまった原因も確認しておこう。

ヒトラーにとって最も致命的だった二つの問題点を説明する。

第一の問題は、ヒトラーの高圧的な経営スタイルだ。

彼はカリスマ性のあるリーダーだったので、演説で大衆を扇動することには優れていたのだが、部下の失敗を許さなかったため、戦況が不利になると将校たちが状況をありのままに報告しなくなるという結果をもたらした。

勝ち続けている状況では何の問題もないが、戦場では戦闘に負ける場合もある。将校が戦闘に負けたことを報告しようとヒトラーの部屋に入ると、彼は狂ったように怒りを爆発させ、震えあがるほど怒鳴りつけた。

ほとんどの将校は、そんな状況を怖がっていた。ロンメル将軍ほどの名将ならありのままを報告したが、そんな将校は多くはなかった。指導者はある程度怖い人でなければならないが、それがホラー映画のレベルになれば、誰も正直に悪いニュースを報告しなくなる。たとえ、失敗した部下に対するヒトラーの怒りが本当はすべて演技で、部下が使命を果たすための刺激だと思っていたとしても、その結果は部下が悪い結果を隠すようになっただけだった。

要するに、ヒトラーのカリスマ性は不利な状況では逆に作用してしまい、戦況を正確に把握できない直接の原因となった。

第二の問題は、排他的なシステムだ。

当時ドイツには、アインシュタインを始め、優れたユダヤ人科学者や芸術家がたくさんいた。しかし、ヒトラーは純粋アーリア人の優秀性だけを強調して他民族を包容することができなかったため、有能な科学者や芸術家は弾圧から逃れるためにアメリカに渡っていった。

もしナチスが彼らを包容することができたら、ドイツはアメリカより先に核兵器を発明していたかもしれない。そして今日の世界の覇権は、アメリカでなくドイツが握っていたかもしれない（第二次世界大戦でドイツが勝利したことを前提にするフィクションもたくさんある）。

排外主義は、早いうちは国民全体を団結させることができるかもしれないが、結果的には国家が活用できる人材の範囲をあまりにも狭くしてしまう。

国家が強くなろうとすれば、出身で差別するのではなく、能力で人物を登用しなければならない。

アメリカはそうして成功した国だ。彼らの強い点は「優秀な民族」ではなく、「優秀なシステム」にあるのだ。

積極的に他民族を登用して成功した事例には、日本の格闘技大会「K‐1」がある。

K‐1は日本で創設された格闘技大会だが、歴代優勝者の中に日本人の数は少ない。過去には、タイの選手に一方的に押される日本の選手に対して審判が機会を与えようと不公平な判定をしたことがあるが、それは逆に日本の観衆から野次が飛んで、不公平な判定をした審判全員がクビになるという結末を生んだ。

K‐1はスポーツ大会というよりは商業的なイベントに近いので、不公平な判定もたびたびあって、対戦表を組む時にスター選手に有利なように操作するなど公正面での問題もたくさん生じている。しかし、外国から実力のある選手を積極的に招聘して、レベルの高い試合を見せようとする努力は高く買う価値はある。

結果的にK‐1は、表面的には「実力さえあれば異邦人にも開かれた機会」があるように見えて、はるかに多彩で面白い試合に発展するようになった。

その結果、ボブ・サップ（アメリカ）や、ミルコ・クロコップ（クロアチア）、レミー・ボンヤスキー（オランダ）など傑出したスター選手を生み出すことに成功して、今日のK‐1の人気をより高めることができたのだ。

国家も同様に、できるだけ多くの人に成功の機会を与える国が成功する。ファシズムが失敗した原因は、民族概念に捉われた閉鎖的なシステムだったからである。民族や領土のような小さな概念に捉われて、他民族に排他的な体制を持つ国は、結果的には衰退してしまうだろう。

45 悪魔の成功術

今日、ヒトラーは悪魔のような人物として知られている。確かに彼は、歴史上の誰よりも大きな悪業を犯した殺人鬼だったが、彼が権力を握るために使った成功術は、他の偉大なリーダーの成功術とかなり似ている。

これはアイロニーだが、悪人の成功術と善人の成功術にそれほど異なる点はない。

では、今まで学んだヒトラーの事例をまとめて、あなたが成功するために役立つ点を挙げてみる。特に、なぜ彼があれほど早く権力を握ることができたのかということに注目したい。

・具体的なビジョンを作る

他人を説得するには、彼らを導くビジョンが必要だ。またそのビジョンは人々を団結させるためのものでなければならない。

ヒトラーは、自分の信念が純粋で最後は勝利できるという自信を持っていた。そういう信念があったから、大勢の民衆が歓呼の声を上げるほど感動的な演説をすることができたのだ。

また、ビジョンを文書化することも重要だ。ヒトラーは監獄生活の間に、法螺と嘘に満ちた『わが闘争』を書いて、ドイツ国民に未来のビジョンを提示した。この著述活動を通して、彼は自分の嘘を自分自身でも信じるように、自らを洗脳していった。

よく考えてみれば、ビジョンとは、未来についての派手な嘘に過ぎない。ヒトラーは自分の嘘を大衆が信じるように創作して、自らもそれを信じてしまうことで、より強い推進力を得ることができたのだ。

あなたも日記やノートを用意して、自分のビジョンを具体的に記述するといい。文書化することで、ビジョンはより具体化していくはずだ。

・他人の前で法螺を吹く

大成功した事業家は、誰もが「法螺吹きの気質」がある。

彼らが法螺を吹く理由は、自分の株を最大限高めることが、世間を生き抜くのに役立つことを知っているからだ。

自分の困難を宣伝しても、助けてくれる人は誰もいない。

何かを得たければ、むしろそれが多いふりをすることだ。例えば、お金がなくてもたくさん持っているふりをする方が、銀行からお金を借りやすい。また、支持者がいくらでもいるふりをする方が、支持者をたくさん集めることができる。

嘘でも自信を持って自分を精一杯大げさに誇張する人が、力強い後援者とたくさんの支持者を得ることができる。

成功したリーダーと詐欺師の違いは、自分が公言したことを現実化できるかできないのかの違いだけだ。成功は、どれだけ正直かということにかかっているわけではない。

・自分を催眠する

ヒトラーは『わが闘争』で自分を精一杯美化し、それを他人が信じるように創作しただけでなく、自分自身までをも洗脳することに成功した。彼は、他人を催眠しただけでなく、自分自身も催眠したのだ。

自分自身を催眠させるには、次のことを実践してみるとよい。

(1) 自分の長所をノートに並べて書く。できるだけ自分を誇張して書く。
(2) 空想に耽る。これからしたい事を書きだす。
(3) 自分の力で世界を変えることができると自信を持つ。
(4) 具体的な計画を書いて、毎日その実践に邁進《まいしん》する。

・自分だけのスタイルを作る

ヒトラーの風貌は普通のドイツ人とは非常に違っていた。人によっては、ヒトラーの外見や大げさな素振りを見て滑稽だと思ったが、むしろそれが聴衆を集めるきっかけにもなった。

あなたが必ずしもハンサムでなくても、自分だけの個性的なスタイルを作ることは充分できるだろう（タモリのサングラスや、イモトの太いまゆ毛など）。

個性のある人が大衆の人気を得て人々を集めることができるのである。

・鏡を見ながら練習する

リーダーは立派な演技者にならなければならない。ヒトラーは毎日鏡を見ながら俳優の演技を模倣した。

あなたもカリスマ性のある芸能人の行動をよく研究して、鏡を見ながら模倣してみるといい。その芸能人とまったく同じになれという話ではない。模倣をしてもどうせその仕草は、自分でも気づかないうちにあなた独自の仕草に変形されるはずだ。真似をするうちに、その模倣の対象がどんな魅力を持っているのかを見つけることができるだろう。その魅力ポイントをあなたのものに作り直すのだ。そうして作られる個性的な演技を、あなた独自のユニークなもので整えていくのだ。

・芸術的な感受性を育てる

ヒトラーは自分を芸術の保護者だと思っていた。彼はオペラを愛し、絵を描くことや音楽も好きだった。また、各種の派手な建築物を建てるのも好きだった。

ナチスのカギ十字シンボルや鷲のシンボルを電撃的に採用したのもヒトラーだ。彼はデザインにおいても才能があったようだ。

そういう芸術的な感覚は、ナチスの軍服や腕章、旗などに使われたデザインや、総合芸術を連想させるナチスの集会でも非常に役に立った。彼らの集会は見る人が涙を流すほど荘厳で雄大だったのだ。そんな芸術的演出能力は、各種の集会で人々の団結力と忠誠度を高めるのに大きく貢献した。

あなたも、常に芸術に接して、自分の感性を磨かなければならない。すばらしい建築物や美しい美術品の鑑賞に没頭するのだ。特に音楽は、荘厳なクラシック、美しいピアノ曲、疾走するヘビーメタル、悲しい映画音楽など、心に強い印象を与える音楽を聴くことだ。

偉大なリーダーには、優れた芸術的感受性が必要である。芸術だけがリーダーにインスピレーションを与えることができるのである。

・生活を淡泊にする

ヒトラーは酒もタバコも嗜まない禁欲的な生活をした。菜食主義者で、生活は慎ましかった。彼は正常な男性だったが、女性関係も派手ではなかった。35歳まで童貞を守ったのだ。

ヒトラーくらいの権力を握った人間は、密かに蓄財するのが普通だが、彼は虚栄心もなく、財産蓄積にもまったく関心のない、変わった独裁者だった。

ヒトラーは政治家たちと交流することを非常に嫌がった。政治家ではない人たちといっしょにいるのが好きだった。彼は恋人エヴァ・ブラウンと美しい山奥の別荘で人生を楽しんだ。また、彼は自分の秘書、写真師、医者、運転手などと気楽に話すことを楽しみにしており、犬が好きで自分のペットのブロンディと遊ぶことを楽しんだ。彼の楽しむ話題は犬を育てる方法とか芸術界の話、最新の流行に関する話などだった。

このように、私たちが悪人だと知っているヒトラーの日常生活は、まさに平穏である。これは今日ウェルビーイング（well-being）な生活法として知られているシンプルライフ、スローライフとも相通ずる。

このように淡泊な生活と周囲の人たちとの愛情のこもった関係は、彼のストレスを緩和するのに多いに役立ったと思われる。

彼がいい人だったと言っているのではない。成功する悪人は、成功する善人と、非常に似通った点があることを言いたいのだ。あなたの目的が何だとしても（たとえ悪業が目的でも）、より大きな成功のためには、ライフスタイルは淡泊であることが望ましい。

・手段に制約されない

ヒトラーは自分の目的のために敵の武器をも使うことを憚《はばか》らなかった。宣伝術やスローガン、市中での行進のようなことは、彼が嫌った米国資本主義や共産主義体制から借用したのだ。

またオペラや演劇、サーカス、マスゲームなど、多様な要素を活用して、大衆集会では人々に力強い印象を残した。

・人々の利害関係を利用する

ヒトラーが政権を握った後、彼の課題の一つは、軍部を味方にすることだった。ドイツ軍部は旧政権に対しても不満が多かったが、新しいナチス政権のことも気に入らなかった。ヒトラーとしては彼らをどうしても味方にしなければならない。

当時ドイツ軍部はヴェルサイユ条約によって兵力を10万人に制限された上、戦車、戦闘機、戦艦などの近代兵器の保有も禁止されていた。そこでヒトラーは、ヴェルサイユ条約の破棄というプレゼントをもって軍部を味方にできたのである。

また、ヒトラーは反共主義者だったから、彼がヴェルサイユ条約を破棄して膨張政策を推進し始めた時、西ヨーロッパ諸国から黙認を得ることができた。当時は共産主義が拡散しており、ヒトラーの統治するドイツは西ヨーロッパ諸国を共産主義から守ってくれると考えられたのだ。

すなわち、ヒトラーの勢力拡張は共産主義を警戒する西ヨーロッパ諸国の利害関係とも一致していた。だから、ナチスは隣国の抵抗なしに勢力を拡大することができた。

さらにヒトラーは、自らの野望を理解していた企業家たちに、ヨーロッパから共産主義を取り除くと約束して、彼ら企業人の利益を保障することで、政治資金を受けることができた。またヨーロッパ人の反ユダヤ感情を利用して、ユダヤ人から財産を没収し、新政権の資金源とした。

ヒトラーの権力掌握は、このように数多くの人々の利害関係を自分の目的のために上手く利用したことで達成できたのだ。

・組織の主導権を握る

ヒトラーは部下たちが互いに競争するようにして、自分は仲裁者の役目をすることで組織全体の統率権を掌握した。彼は地下壕で自殺する瞬間まで、すべての主導権を握っていたと言われている。

ヒトラーの基本的な指揮手法は「任務型戦術」であり、権限の委譲を重要視した。しかし一人の部下に多大の権限を委任すると、指導者自身が、全権を委任した部下によって追放される危険もある。したがって、トップの地位を守るには、自分だけが持つ鍵がなければならない。ヒトラーは部下たちの競争を煽ることで、すべての主導権を握ることができたのだ。

・有能なナンバー2を登用する

ヒトラーが成功するまでには「砂漠の狐」のロンメル将軍のような優秀な将校の功労があった。

会社組織でも同様に、トップが人々の士気を鼓舞する才能があるなら、ナンバー2は実務能力に優れた人物でなければならない。

アップルの創業時、スティーブ・ジョブズが成功するには、その陰で黙々と働くナンバー2、スティーブ・ウォズニアックの存在が欠かせなかった。また、オラクルの創業者ラリー・エリソンが成功するには、その下で真面目に働くプログラマーのスチュアート・ペイジンのような人物が必要だった。

口先だけで成功することは不可能だ。あなたがリーダーとして成功するには、黙々と働く真面目なナンバー2が絶対に必要だ。もし、そのような人を登用することができなかったら、あなた自らが直接実力を発揮するしかないだろう。

ナンバー2は、必ず二人以上ある方がいい。実力のあるナンバー2が一人しかいなければ、彼によってあなたが追い出される可能性が強いだろう。

・実践する

『君主論』の中でマキャベリは「民衆を説得することは比較的容易だが、説得された状態を維持するのは決して簡単ではない」と言っている。どんなに緻密な演出と巧みな宣伝術で人々を説得したとしても、それはその瞬間だけで、家に帰って一人で考える時間がくれば、人は演説者の主張が正しかったのか間違っているのかを理性的に判断することができる。

したがって、扇動家が実践することで自分の主張を証明しなければ、どんな方法を使っても大衆を説得した状態に保つことはできない。

ヒトラーの大衆扇動が成功したのは、単純なテクニックの成果ではない。

ナチ党のビジョンが、第一次世界大戦以降のドイツ社会のニーズに正確に合致した結果であり、ヒトラー政権が政治的・経済的な成果を上げることで、ドイツ国民の信頼を勝ち取った結果だということを忘れてはならない。

エピローグ

本書では、ヒトラーがどんな方法でドイツ国民を自分の主張に同調させ、望むとおりに動かすことができたのか、その技術的な面を重点的に調べてきた。

ヒトラーの演説の魅力は、若い頃に夢見た空想的ビジョンを一見合理的な理論で具体化し、感情を込めて人々を刺激するように叫ぶことにあった。

それに自分の主張を効果的にするためのさまざまな芸術的演出と、当時の先端メディアを活用した現代的な宣伝方式が巧みに結合されて、彼の訴える力はより一層大きくなった。

彼は次のような言葉で人々を巻き込んだ。

私と力を合わせよう。

そうすれば君の名前はドイツの歴史に永遠に残るようになるだろう。

ヒトラーの扇動が効いた理由は、人々の欲求に合わせて目に見える具体的な成果を上げ、社会の成員間の利害関係を利用して効果的に支持率を高めたからだ。

また彼は、オリンピックのような大型イベントを成功裏に開催して政治的・経済的な成果を全世界に誇示した。彼は口だけの政治家ではなく、実際に体で行動することのできる政治家だったのだ。

彼がこのようにすることができたのは「ビアホール一揆」のあとで投獄されるという得難い経験をしたからだ。彼がその時悟ったのは、計略や陰謀による策動だけでは世の中を変えることはできないということだ。

ヒトラーは次第に力量を高め、既存の社会制度の中で最大限に勢力を拡大することが、世の中を変える近道だと理解できるようになった。

彼が悟ったことを心に銘記しておくことが重要だ。

巧みな弁舌の才や強引な方法だけで出世を図っても、その効力は一時的なものだ。真面目な活動を段階的に実践することだけが目的に到達する一番効率的な方法なのだ。そのためには真面目で一途でなければならない。

ヒトラーの場合は「アーリア人以外のダメな民族を抹殺して、アーリア人の新しい国を建設する」と言う邪悪な目的を達成するために一途に努力した。

邪悪な目的にも、善良な目的にも、指導者に一途な心が必要なのは同じである。

ヒトラーは二つの顔を持った指導者だった。

彼は突撃隊と言う暴力団を動員して、ユダヤ人やジプシーや反対者を虐殺するという邪悪な面を見せたが、自分自身の不正蓄財など私利私欲にはまったく関心がなかった。ドイツの発展のために力を尽くすという誠実な面もあった。

我々は、ヒトラーを破滅させた理由が、彼の邪悪な面にあるということを理解しておく必要がある。また、落ちこぼれのつまらない存在だった彼が、ドイツの総統にまで登り詰めることができたのは、彼の「一途な面」だということを学ぶ必要がある。

本書を読んで「ヒトラーは立派だった」と誤解をする読者はいないだろうが、ヒトラーは結果的には失敗したのだから、どんなに彼の大衆扇動術が良く見えても、同じミスは繰り返してはいけない。

「悪」は、手段としては強力な武器だが、「悪」自体が目的になればその主人をも破滅させる。
「善」は、目的としては強力だが、手段としてはかなり弱い武器である。

リーダーは、「善」を目的にして、「悪」という武器を使うことができる人間でなければならない。

私たちは、善良な目的のために戦った人が、手段までも善良にした結果、悲惨な結末を迎えた事例をたくさん目にしてきた。

ヒトラーはそうではなかった。彼は邪悪な目標のために、邪悪な手段を使ったのだ。手段も目的も悪い悪人はたくさんいる。ヒトラーが他の悪人たちとは違うのは、彼は「邪悪な手段」をまるで芸術のレベルまで昇華させたという点だ。原始人が使った鋭利な鉄片はただの殺人武器に過ぎないが、これを職人が鍛えて刀にすれば、美しい芸術品にもなりえるのと同じことだ。

普通の悪人が使う悪い手段を原始人の鉄片とすれば、ヒトラーの大衆扇動術は「悪魔の刀匠が作った名刀」に例えることができる。

刀を作ったのは悪魔だが、悪魔が死んだ後でもその刀はとても美しく、これまでにも多くの侍がその刀を使いたがっていた。

悪魔は死んで、彼の刀だけが残っている。

あなたは自分の目的のために、その刀を使う準備ができているだろうか。できていなければ、悪魔の刀で武装した他の人間にやられるかもしれない。

ヒトラーが死んで半世紀以上が経った今も、彼のような政治家は絶えず出現している。彼らは立派なイメージと甘い約束で大衆を騙し、自分の勢力を拡張しようとする。政治家に限らず、企業や、善良な目的を標榜するさまざまな団体もそんな扇動術を使っている。大衆の心理を操るその方法はますます進化している。現実の世界で悪人が善人より成功しているように見えるのは、負ける方がただ善人であるというのではなく、成功についての研究が不足しているからかもしれない。

本書を読んだ読者たちは、悪人たちが勝利のためにどのような方法を使っているのかを区別して、それを研究してみて欲しい。

敵を知らなければ、敵に勝てないからである。

ヒトラー関連年表

年	内容
1889	4月20日、オーストリアのドイツ国境に近い小さな町で生まれる。
1900	工業学校に入学。
1903	父が死亡。
1905	工業学校を退学。
1907	画家を志してウィーンに行く。美術アカデミーを受験するが失敗。
	母が死亡。
1908	美術アカデミーの入試を再度受けるが、また失敗。
	9月、唯一の友クビツェクの前から姿を消し、連絡を絶つ。
1913	ウィーンからドイツのミュンヘンへ移住。
1914	不法滞在者としてミュンヘン警察に逮捕され、本国に送還される。
	第一次世界大戦勃発
	ドイツ兵として参戦。勇敢に戦い勲章まで貰う。
1918	毒ガスで負傷して失明の危機。
1919	ベルサイユ条約調印
	ドイツ労働者党（DAP）に入党。扇情的な演説で聴衆から人気を得る。
1920	党名をNSDAP（通称ナチ）に改名。翌年、ヒトラーは第一議長となる。
1923	クーデター「ビアホール一揆」を起こす。ヒトラー逮捕、投獄される。
1924	獄中で『わが闘争』を執筆。
	12月20日、判決から9ヵ月後に釈放される。
1925	ナチ党員数2万人以上に増加。ナチス親衛隊（SS）創設。
1929	エヴァ・ブラウン（17歳）、23歳年上のヒトラーに紹介される。
	（彼女の印象は「おかしな口ひげを蓄えた中年紳士」）
1929	10月　世界大恐慌始まる
1930	ナチ党員数、39万人（推定）に増加。
1933	ヒンデンブルク大統領、ヒトラーを首相に任命。
	ナチ党員数、390万人（推定）に増加。
	ユダヤ人弾圧が始まる。アウトバーン（Autobahn）の建設を開始
1934	エルンスト・レーム他突撃隊幹部を粛清（「長いナイフの夜」）。
	ヒンデンブルク大統領死去。ヒトラー、総統に就任し全権力を掌握。
1935	ドイツ再軍備宣言。ユダヤ人の市民権剥奪。
1936	ベルリン・オリンピック開催。
1938	ドイツ、オーストリア併合。
	武力でチェコ併合（～1939）。
1940	デンマークとノルウェーを占領。ベネルクス三国、フランスも占領
	「日独伊三国同盟」締結。
1941	日本軍真珠湾攻撃。独伊、対米宣戦布告。
1942	アウシュビッツでホロコースト始まる。
1944	米空軍ベルリン空襲開始。
	ヒトラー暗殺未遂事件。ロンメル将軍自殺。
1945	4月ドイツの敗戦決定的となる。
	4月29日、ヒトラー、エヴァ・ブラウンと結婚。遺書作成。
	4月30日、ヒトラー自殺（エヴァ・ブラウン同伴）。

〈著者プロフィール〉

許成準（ホ・ソンジュン）

2000 年 KAIST（国立韓国科学技術院）大学院卒（工学修士）。

ゲーム製作、VR システム製作、インスタレーションアートなど、様々なプロジェクトの経験から、組織作り・リーダーシップを研究するようになり、ビジネス・リーダーシップ関連の著作を多数執筆。

主な著書に『超訳 孫子の兵法』『超訳 君主論』『超訳　資本論』『超訳 論語―孔子に学ぶ処世術―』『超訳 アランの幸福論』『超訳 韓非子―リーダーの教科書―』（全て小社刊）、『一時間で読めるマキャベリの君主論』などがある。

ヒトラーの大衆扇動術

2020 年 3 月 4 日　第一刷
2023 年 10 月 12 日　第三刷

著　者　許成準

発行人　山田有司

発行所　株式会社　彩《さい》図《ず》社《しゃ》

〒 170-0005　東京都豊島区南大塚 3-24-4 ＭＴビル
TEL:03-5985-8213
FAX:03-5985-8224

印刷所　新灯印刷株式会社

URL：https://www.saiz.co.jp
https://twitter.com/saiz_sha

ISBN978-4-8013-0434-5 C0131